¡MI DIOS ES FIEL!

¡MI DIOS ES FIEL!

Lecciones aprendidas a lo largo
de la senda oscura del cáncer

Paul D. Wolfe

EL ESTANDARTE DE LA VERDAD
3 Murrayfield Road, Edimburgo EH12 6EL, Reino Unido
P O Box 621, Carlisle, PA 17013, EE.UU.

Publicado originalmente en inglés en 2009
por The Banner of Truth Trust con el título
¡Mi God is True!

Primera edición en español: 2014

Traducción del inglés: David Cánovas Williams
Revisión de estilo: Mercedes Tabuyo Fornell
Diseño de la cubierta: Chance Designs

Las citas bíblicas están tomadas de la Versión Reina-Valera 1960,
excepto cuando se indica otra
LBLA = La Biblia de las Américas

ISBN: 978-1-84871-416-8

La presente edición se publica en colaboración con
EDITORIAL PEREGRINO, S.L.

Impreso en EE. UU.
Printed in USA

A CHRISTY,
QUE RECORRIÓ LA SENDA CONMIGO
Y SIGUE CAMINANDO A MI LADO

A HENRY, PHILIP Y CHARLOTTE,
QUE SON DISCÍPULOS DE JESÚS,
Y MUY AMADOS

En memoria de
LINDA DAVIS OLSON
(1943–2007),
A QUIEN DIOS FUE FIEL

Índice

Prólogo

Aún recuerdo el momento, aunque estoy seguro de que Paul Wolfe no lo hará. Había vuelto a enseñar unos días en el Westminster Theological Seminary de Filadelfia, donde Paul estudiaba. Mientras me dirigía al campus en un día encapotado y ventoso, vi a un estudiante en la distancia que se encaminaba con paso firme hacia el Van Till Hall para escuchar una conferencia. A lo lejos, me pareció escuálido. Levantó una mano en ademán de saludo, que yo correspondí mientras pensaba para mis adentros: «Estoy seguro de que lo conozco de algo».

Solo más adelante, al conversar con algunos miembros de la facultad, caí en la cuenta: era Paul Wolfe, aquel estudiante brillante y capaz que había pasado por un tratamiento oncológico.

Demos ahora un salto a la noche del viernes 26 de mayo de 2000, nuevamente en Filadelfia, Pensilvania. Esta vez, mi esposa y yo habíamos sido invitados a la cena de graduación del seminario. Normalmente, se pedía a un estudiante que diera su testimonio personal. Y, sí, fue Paul Wolfe. Recuerdo haberme vuelto hacia mi mujer para decirle: «Ese es el joven que ha tenido cáncer». La gracia de su testimonio de la fidelidad de Dios nos acompañó durante mucho tiempo. Y, quizá acompaña de forma especial mis pensamientos, porque yo había titulado el discurso inaugural del siguiente día así: «*Ad Gloriam Patris*:

consejo para los licenciados en la escuela de Cristo». Se basaba en el pasaje de Juan 15:1 y ss. Y Paul era un ejemplo vivo de su enseñanza: permanece en Cristo y darás fruto; el Padre poda a quienes dan fruto para que sean más fructíferos aún. Y todo esto es para gloria del Padre.

Me alegra que, una década después de su tratamiento, Paul haya podido plasmar su historia en forma de libro. En cuanto el lector haya avanzado unas pocas páginas y se sumerja en el relato, comprenderá que esta obra no requiere mayor elogio por mi parte para proseguir con su lectura.

Con una mezcla de sencillez y humildad no exenta de una dosis de ironía, Paul nos narra la historia de la providencia de Dios en su vida, recorre el camino de la sabiduría de Dios (allá donde puede delimitarlo en la actualidad), y hace balance de las pruebas de su fidelidad. No lo hace desde un espíritu triunfal, sino con la conciencia profunda de que, puesto que el Señor utilizó la habilidad de cirujanos y médicos para proteger su vida, al igual que su homónimo apostólico, aún debe quedar «beneficio de la obra» para él en los propósitos de su Padre celestial (Filipenses 1:22). Su ministerio desde aquel entonces, junto con este libro, constituye un anticipo de esa cosecha.

Entre las características distintivas de *¡Mi Dios es fiel!* no solo se encuentra la humildad contagiosa con que se relata la historia, sino el marco en el que está escrita: una conciencia profunda de la soberanía y la gracia fundamentales de Dios, su fidelidad y su sabiduría; el reconocimiento de que sus caminos son más elevados, más profundos y más sabios que los nuestros. Si bien esta es la historia del dolor de un joven, su lucha y su viaje a través de un valle de tinieblas, es también una historia de amor: el amor de Paul a Cristo, y el amor compartido con su esposa Christy y su círculo familiar. Es un testimonio de lo que supone pertenecer a la comunión viva del pueblo de Cristo, la Iglesia.

Ha pasado ya casi una década desde que, en la mañana del sábado 27 de mayo de 2000, Paul culminó sus estudios en el

Westminster Seminary junto con otros ochenta alumnos. Para todo el que conociera su historia, el momento en que recibió el diploma de su Máster en Teología fue especialmente emotivo. Sin embargo, más conmovedor aún resultó pensar en su participación en el himno de apertura tradicional de los ejercicios de iniciación como una expresión de la teología que había aprendido fuera de las aulas del seminario:

¡Cuán firme cimiento se ha dado a la fe,
de Dios en su eterna palabra de amor!
¿Qué más él pudiera en su Libro añadir
si todo a sus hijos lo ha dicho el Señor?

Ya te halles enfermo o en plena salud,
ya rico, ya pobre se encuentre tu ser,
en casa o viajando por tierra o por mar,
conforme a tus años será tu poder.

No temas por nada, contigo yo soy;
tu Dios yo soy solo, tu ayuda seré;
tu fuerza y firmeza en mi diestra estarán,
y en ella sostén y poder te daré.

No habrán de anegarte las ondas del mar
cuando aguas profundas te ordeno cruzar;
pues siempre contigo seré en tu dolor,
y todas tus penas podré mitigar.

La llama no puede dañarte jamás
si en medio del fuego te ordeno pasar;
el oro de tu alma más puro será,
pues solo la escoria se habrá de quemar.

Al alma que anhele la paz que hay en mí,
jamás en sus luchas la habré de dejar;

si todo el Infierno la quiere perder,
*¡yo nunca, no, nunca, la puedo olvidar!**

Dios ha sido todo eso, y mucho más, para Paul y Christy Wolfe. Este es el relato de su pasado. Es también una de tantas historias acerca del Dios fiel en cuyas manos se encuentra su futuro. Considero que será motivo de ánimo, aliento, desafío e inspiración para el lector. Además, a lo largo de estas páginas, el lector llegará a admirar a esta pareja y a sentir afecto hacia ella. Pero, más aún, confío en que, por medio de estas letras (pues este es, ciertamente, el propósito de Paul al escribirlas), el lector llegue a amar, admirar y depositar su confianza en su Señor y Salvador.

Ruego al lector que, tras concluir este prólogo, pase a leer por sí mismo la historia de Paul Wolfe: *¡Mi Dios es fiel!*

Sinclair B. Ferguson
First Presbyterian Church
Columbia, SC
EE. UU.

* Versión castellana de Vicente Mendoza del himno *How firm a foundation*, atribuido a George Keith. (N. del T.).

Prefacio

Decidí escribir este libro a raíz de mi deseo de documentar, y compartir así con los demás, las lecciones aprendidas durante cerca de un año de batalla contra el cáncer que viví entre abril de 1999 y marzo de 2000. Han transcurrido algunos años desde que pasara por aquella experiencia, pero considero que, durante ese tiempo, las verdades que tan vivamente quedaron grabadas en nosotros en medio de la tormenta no han hecho más que seguir influyendo en nuestras almas y conformando mi obra como pastor. Así, aunque ha transcurrido ya tiempo desde aquellas poderosas impresiones, sigo deseoso de compartir lo que el Señor se complació en enseñarme.

Este libro no tiene el propósito de ser un tratamiento exhaustivo de la cuestión del sufrimiento. ¡El lector quedará muy defraudado si busca encontrarlo aquí! En lugar de eso, es en parte recuerdo y en parte enseñanza, con la mirada puesta en las verdades que quedaron de manifiesto en nuestra experiencia.

Parece que son pocos aquellos cuyas vidas no se han visto afectadas de un modo u otro por el cáncer. Y, por supuesto, nadie cuya vida esté exenta por entero de sufrimiento. Hay toda clase de sendas oscuras que debemos recorrer, dolores de todo tipo y magnitud que hemos de sufrir. Todos y cada uno de nosotros debemos asimilar la realidad del sufrimiento en esta vida, y el evangelio de Jesucristo tiene mucho que decir al respecto. Por ese motivo, creo que aquí hay lecciones que cualquier persona puede asimilar y aplicar. Oro por que este libro sea de ayuda en ese sentido.

AGRADECIMIENTOS

Hay varias personas que, de diversas maneras, han contribuido a que este libro sea posible.

Los doctores Arthur Kobrine, Allen Mondzac y Peter Moskovitz son los eficientes médicos que me salvaron la vida. Tengo una deuda con ellos que jamás podré pagarles.

Los santos de la New Hope Presbyterian Church en Fairfax, Virginia, aman la Palabra de Dios. Por ese motivo (y muchos otros), ha sido un honor predicarles esa Palabra durante doce años. Esta historia es, en parte, también la suya. *Cf.* Capítulo 6.

Dave Coffin, pastor decano de New Hope, que, con su ministerio fiel, meticulosa erudición y cálida amistad, ha dejado una huella indeleble en toda mi vida por la que estoy profundamente agradecido. En resumen, ha compartido su existencia conmigo y, de esa forma, ha ejercido una gran influencia en la mía. Además, estudió en Pittsburgh, lo que ya se sabe que es garantía de inteligencia.

Sinclair Ferguson fue el Bernabé detrás de este librito. Sin su estímulo, es indudable que habría quedado en «El libro que siempre quise haber escrito». En sus conferencias en el Seminario de Westminster me enseñó acerca de Dios y el evangelio y, por medio del ejemplo de su propia escritura y predicación, me ha enseñado que esas verdades deben sacarse de las aulas del seminario y trasladarse a otros para su bendición. Ojalá que así sea.

De manera más importante, debo expresar mi gratitud hacia Christy, mi esposa. La historia y las lecciones de este libro son tan suyas como mías. En nuestro enlace nupcial, me miró a los ojos y me dijo: «En la salud y en la enfermedad», y ha demostrado ser fiel a sus palabras. Quien encuentra una esposa como la mía, tiene un tesoro.

EL MOTIVO DE ESTE TÍTULO

Por último, permítaseme decir algunas palabras acerca del título de este libro, *¡Mi Dios es fiel! Lecciones aprendidas a lo largo de la senda oscura del cáncer.*

El título proviene de las palabras de un himno que ha llegado a significar mucho para mí: «*Whate'er My God Ordains is Right*» (Lo que Dios hace bien hecho está). Una de las responsabilidades que asumí al comenzar mi obra como pastor interino en la New Hope Presbyterian Church, en el verano de 1997, fue ayudar a mi congregación a aprender algunos de los himnos más desconocidos de nuestro himnario. «Lo que Dios hace bien hecho está» fue uno de los primeros que aprendimos aquel verano juntos. La historia que hay detrás del texto de ese himno es reseñable: se dice que Samuel Rodigast escribió el texto en 1675 para un amigo, el compositor Severus Gastorius, que por aquel entonces sufría una grave enfermedad.

Por supuesto, cuando leí y enseñé aquellas palabras por vez primera, no advertí lo certera y maravillosamente que me hablarían en mi enfermedad tan solo unos pocos años después. Saber que tenía cáncer, y todo el proceso del tratamiento posterior, fue en muchos sentidos una «senda oscura» (*cf.* verso 6 más abajo), pero descubrí durante todo el camino que «mi Dios es fiel» (*cf.* verso 5). Desde aquella época no hecho sino convencerme más aún de su veracidad y su fidelidad.

Lo que Dios hace bien hecho está,
su voluntad es siempre justa;
lo que él haga conmigo
aceptaré tranquilo.
Mi Dios es fiel,
y en la senda oscura

bien sabe cómo protegerme;
de él me dejaré guiar.

Lo que Dios hace bien hecho está,
él no me engañará;
me guía por el sendero recto,
para que me goce
en su bondad
y tenga paciencia.
Él remediará mi tribulación,
pues está en sus manos.

Lo que Dios hace bien hecho está;
y si debo beber el cáliz,
que puede parecerme amargo,
no he de atemorizarme,
pues al final
habré de alegrarme
con dulce consuelo en mi corazón.
Entonces se disipará todo dolor.

Lo que Dios hace bien hecho está,
junto a él permaneceré,
y así en el áspero camino
me acosen penas, muerte y desventura,
Dios me sostendrá
paternalmente
en sus brazos.
Y, por tanto, lo dejaré obrar.

Samuel Rodigast (1675)

Cronología

	1998
23 de mayo	Día de la boda
Septiembre	De vuelta al seminario para el tercer curso
Otoño	Primeros síntomas
	1999
Enero	Cita con el médico de cabecera
16 de abril	Cita con el cirujano ortopédico
23 de abril	Diagnóstico: cáncer
24 de abril	Cirugía
Abril-agosto	Quimioterapia, primera parte
Julio	Neumonía
Octubre	Radioterapia
Noviembre-diciembre	Quimioterapia, segunda parte
	2000
13 de marzo	Fin: cita en Nueva York

Primera parte: Descubrimiento

Capítulo 1

Primer acto: infamia

Justo al día siguiente del ataque de Pearl Harbor, el presidente Franklin D. Roosevelt vaticinó que el 7 de diciembre de 1941 sería «una fecha marcada por la infamia». Por supuesto, lo mismo cabe decir en nuestra época de los ataques del 11-S. La mera mención de tales fechas evoca la pérdida de innumerables vidas, así como la ira, la impotencia y el temor que llenó tantos corazones. Cada vez que nos paramos a recordarlo, sentimos una especie de escalofrío fúnebre. Son momentos históricos inolvidables, como si esas fechas hubieran quedado grabadas en nosotros.

Para muchos de nosotros existen fechas infames como esas relacionadas con eventos de nuestras vidas individuales. La mía es el 23 de abril de 1999. Ese día recibí la noticia de que padecía cáncer. En aquel momento tenía veintiocho años.

Ira, impotencia, temor, un escalofrío fúnebre: sentimos todo eso.

Tras una imagen por resonancia magnética (IRM) practicada por la mañana, seguida de una biopsia por la tarde, quedó patente que tenía una masa cancerosa que oprimía la espina dorsal en la parte superior de la espalda. Ahí estaba la explicación del empeoramiento en los síntomas que había estado experimentando, aunque desde luego no era la explicación que habíamos previsto. *Una masa cancerosa que oprime la espina dorsal.* Por eso había sufrido un dolor de espalda tan intenso durante los últimos meses. Por eso había perdido gradualmente la motricidad de las piernas durante las semanas previas. Y por eso tuve que ingresar con toda urgencia para iniciar el tratamiento en el George Washington University Hospital, al otro lado de la calle del centro de IRM.

Y así comenzó lo que acabaría siendo una odisea de casi un año luchando contra un linfoma no Hodgkin: cirugía seguida de quimioterapia, seguida de radioterapia, seguida de más quimioterapia aún; y todo ello combinado con los altibajos emocionales que tan bien conocerán quienes hayan experimentado el cáncer, ya sea como pacientes o como afectuosos observadores.

Naturalmente, fue una época que nos puso a prueba a mi esposa Christy y a mí. Sin embargo, fue también un período de aprendizaje. Aun recorriendo la senda oscura del cáncer hubo luz. La luz resplandeciente de la Palabra de Dios nos guió en nuestra peregrinación oncológica, desafiando nuestras expectativas, renovando nuestra fe y, por encima de todo, fortaleciendo nuestra esperanza.

Deseo compartir a lo largo de este libro algunas de las lecciones que aprendimos. Para hacer tal cosa, tendré que relatar algunas partes de nuestra historia a medida que avancemos. Rememoraré, pues, nuestra experiencia como una obra de teatro en tres actos, con las lecciones que aprendimos entretejidas en ellos.

Antes de que se levante el telón del «Primer acto», permítaseme decir que sería el primero en reconocer que nuestra experiencia con el cáncer no fue tan ardua y dolorosa como la de muchos otros. Entre el día de mi diagnóstico y el momento en que se cerró felizmente la puerta del tratamiento, apenas transcurrió un año. Sin embargo, para muchos es un camino mucho más largo. Además —aun a riesgo de explicitar lo obvio—, mi tratamiento funcionó; me curé. Sin embargo, para muchos la curación nunca llega; el camino culmina en la muerte, y los seres queridos quedan atrás en la aflicción. No afirmo ser el que más ha sufrido, ya que son muchos los que han recorrido sendas más oscuras.

Aun así, creo que cabe decir que un pequeño cáncer da mucho de sí. Aunque no fuimos los que más padecimos, sí que sufrimos lo suficiente para que se nos diera la oportunidad (¡qué «oportunidades» da el Padre a sus hijos!) de considerar la realidad del sufrimiento a la luz del evangelio.

También quisiera decir que, aun cuando yo me recuperé, en otras épocas de mi vida ha habido seres queridos que no lo han hecho. En la providencia de Dios, nuestra familia no ha quedado exenta de sufrir el cáncer en la peor de sus manifestaciones. En mi propia vida, el Señor ha dado y el Señor ha quitado. Escribo como quien ha visto la vida y la muerte. Más adelante añadiré algo al respecto.

EL PRINCIPIO DE TODO

Aunque el 23 de abril de 1999 fue mi «día del diagnóstico», es preciso remontarse más atrás para llegar al comienzo de la historia.

El otoño anterior, en el año 98, yo estudiaba en el Seminario Teológico de Westminster, en Glenside, Pennsylvania, al norte de Filadelfia. Acababa de empezar el tercer año de mis estudios con el propósito de graduarme al cuarto. Mi meta era convertirme en ministro. Pertenecía a la New Hope Presbyterian Church en Fairfax, Virginia, en las afueras de Washington DC, y había empezado a servir a esa congregación como pastor interino el año anterior.

Y, de mayor importancia aún, era un recién casado: Christine Olson y yo nos habíamos convertido en el señor y la señora Wolfe durante el fin de semana del Día de los Caídos de 1998. Habíamos decidido asentarnos en la zona norte de Virginia con la idea de que pudiera desplazarme desde nuestra casa hasta la escuela en Pensilvania, ya fuera en automóvil o en tren, y solo pasara algunas noches fuera durante la semana. También debo decir —aun a riesgo de que esto suene como la presentación de un programa deportivo en televisión— que me gustaba jugar al tenis y al baloncesto, y hacer excursiones a pie con mi esposa. En otras palabras, en lo que a mí concernía, era un joven saludable y activo de veintiocho años. Mi revés tenístico era bastante malo, pero aparte de eso era un hombre feliz en líneas generales. Y tenía todo el derecho a serlo, ya que había recibido numerosas bendiciones.

Recuerdo un día en particular del otoño de 1998 como el primero de esta historia personal, aunque en aquel momento no pareció revestir trascendencia alguna. Durante el semestre otoñal solo cursaba una asignatura en Westminster, y eso me dejaba tiempo libre para echar una mano con distintas cosas en la oficina de la iglesia. Un día de aquel otoño, pues, Dave Coffin, el pastor de New Hope, y yo acometimos el ensamblaje de unos anaqueles para la oficina de nuestra iglesia. Mientras íbamos montando uno tras otro para alojar los numerosos tomos de la biblioteca de nuestra iglesia, sonaba de fondo la emisión en directo de la misión del transbordador *Discovery* tripulado por John Glenn. Qué extraños son los detalles que recordamos tanto tiempo atrás. Buena suerte, John Glenn.

Nuestra historia comienza ese día porque fue el primero en que sentí el dolor de espalda que me acompañaría casi constantemente en los meses venideros. Naturalmente, cuando lo advertí por primera vez, supuse que se debía al trabajo que Dave y yo habíamos estado llevando a cabo todo el día, y que incluía levantar algunos de esos anaqueles. No había nada demasiado pesado, por supuesto, pero sí lo suficiente para permitirme pensar que había forzado algún músculo; nada que un poco de ibuprofeno no pudiera arreglar.

Pero mis expectativas demostraron ser erradas.

Tomar un analgésico no supuso el fin del dolor. ¡Y tampoco tomar mucho! El dolor se mantuvo durante el mes de noviembre y luego seguía allí en diciembre. Nos acompañó el Día de

Acción de Gracias y siguió con nosotros en Navidad. Allí estaba también cuando llamamos para felicitar el Año Nuevo de 1999. ¡Se había convertido en un huésped indeseado que no estaba dispuesto a marcharse! Los medicamentos no funcionaban. Dormir algunas noches en la butaca del salón tampoco supuso diferencia alguna. De un modo inexplicable, el dolor simplemente... persistía.

EL SEMESTRE PRIMAVERAL

Por fin, en algún momento de enero, decidí consultar a una doctora. Le describí el dolor que había estado sufriendo y le conté la historia del ensamblaje de los anaqueles, puesto que esa parecía la explicación más lógica. Ella estuvo de acuerdo: basándose en la historia que le había contado, llegó a la conclusión de que lo más probable era que tuviera una contractura en la espalda —nada grave— y que probablemente pasarían algunas semanas más hasta que el dolor se disipara por completo. Aunque no salí de la consulta libre de dolor, al menos tenía la sensación de que podía concentrarme en otras cosas. No había de qué preocuparse.

Y, al inicio del semestre primaveral en Westminster, mi atención tenía cosas gloriosas en las que concentrarse. Ese semestre tenía cuatro asignaturas proyectadas y era, sin duda, uno de los programas más completos de los cuatro años que duraban los estudios. Los lunes y los miércoles estudiaba el libro de Hechos y las epístolas de Pablo con Richard Gaffin. Los martes y los jueves aprendía acerca del ministerio salvador del Espíritu Santo en un curso a cargo de Sinclair Ferguson. Los miércoles por la tarde asistía a la clase del doctor Gaffin acerca de la obra de Cristo para nuestra salvación. Y los jueves por la mañana remataba la semana con un curso acerca de los profetas del Antiguo Testamento a cargo de Al Groves. Aquellos hombres eran profesores fieles y competentes que proporcionaban un opulento festín educativo a sus estudiantes de forma regular. Era agradable pensar que, tras las primeras semanas del semestre, podría volver a sentarme cómodamente para asimilar sin dificultades aquellas maratonianas ponencias. Por supuesto, aquella contractura muscular no tardaría en ser agua pasada.

Sin embargo, una vez más, eso demostró ser una expectativa errada. El dolor persistía. Pasaron varias semanas. Después de enero llegó febrero. Y, tras febrero, llegó marzo. Alcancé un punto en que un abundante suministro de analgésicos se convirtió en un elemento prioritario en la lista de cosas que debía llevar conmigo a la escuela. Y ahora el dolor no solo seguía allí, sino que había empezado a moverse. Un día lo notaba con más intensidad en el costado derecho; al día siguiente, en el izquierdo. Un martes podía manifestarse de manera más marcada en las cervicales; y, el miércoles, más en el pecho, cerca de las costillas. Empezaba a parecer como si se estuviera disputando una partida de Whac-a-Mole[1] dentro de mi cuerpo: ¡el dolor desaparecía hoy aquí para asomar la cabeza mañana en otro lado!

Entonces, ¿por qué no acudiste al médico de inmediato?

No acudí al médico durante aquellos meses por las mismas razones por las que muchos no recurren a él en circunstancias similares. No era un dolor agónico y, en ocasiones, era apenas imperceptible. Además, tenía razones para suponer que la causa no era nada grave. Y, para ser sinceros, tenía muchas otras cosas que hacer: manuales que leer, exámenes que preparar y artículos que escribir. Seamos realistas, a veces acudir al médico parece un gran engorro. Así que uno se dice para sus adentros: «Iré cuando tenga más tiempo libre. Quizá con las vacaciones de primavera. O puede que al final del semestre. No hay prisa. No se ha encendido ninguna alarma. La cita con el doctor puede esperar. Después de todo, solo es una contractura muscular, ¿no?».

Quiero dejar claro que no culpo a la doctora que me pasó consulta en enero, ya que matizó su diagnóstico con la debida cautela. No dio ningún veredicto tajante, ni me ofreció un dictamen garantizado. Simplemente, planteó una teoría que parecía encajar con mis síntomas. Por lo que sé, la contractura muscular era parte del problema. Esto no es una de esas historias estilo «machaquemos al médico» para acusarla a ella y a sus compañeros de fallarme por no anunciar el cáncer por megafonía el primer día. Muy lejos de eso. De hecho, si hubiera que decir algo, todo aquel proceso me dejó profundamente impresionado por los conocimientos de doctores, enfermeras e investigadores, con lo que pueden hacer y con los equipos que tienen a su disposición para hacerlo. No la culpo a ella ni, supongo, me culpo a mí mismo por salir tranquilizado de aquella evaluación en enero. Tenía razones fundadas para creer que se trataba de una molestia secundaria y, a lo largo de enero y febrero, y principios de marzo, estaba demasiado ocupado con todos los desplazamientos, estudios, exámenes y artículos que tenía que escribir como para sentarme a pensar seriamente en una nueva cita médica. Ya habría tiempo para eso, más adelante.

NO HAY TIEMPO QUE PERDER

Sin embargo, para finales de marzo-principios de abril, mi disposición empezaba a cambiar. Para entonces, el dolor había llegado a ser lo suficientemente intenso y molesto para que Christy y yo comprendiéramos que no podíamos esperar hasta el final del semestre. Era hora de tomar cartas en el asunto. Así, concerté una cita con un cirujano ortopédico para el día 16 de abril.

Eso resultó ser positivo, puesto que para entonces se había manifestado otro síntoma, y este reclamó mi atención mucho más de lo que lo había hecho el dolor de espalda. Una mañana me desperté advirtiendo un extraño hormigueo en los dedos de los pies. Estaban insensibles, como cuando a uno se le «duerme» la pierna. Durante los siguientes días, la insensibilidad empezó a extenderse por las piernas, y luego comenzó a suceder lo mismo con los brazos. Me costaba mantener la coordinación al andar y ponerme un par de calcetines. Las tareas sencillas que habían sido tan inapreciables empezaron a ser, bueno, *apreciables*, y de una forma cada vez más preocupante. A uno no le debería exigir tanta concentración ponerse un par de calcetines.

La cita con el cirujano ortopédico el viernes 16 de abril no arrojó resultados concluyentes. Le conté mi historia de los meses de dolor de espalda y la insensibilidad. Él planteó la posibilidad de que padeciera una hernia discal que quizá estuviera presionando la médula espinal. A fin de cuentas, eso lo habría explicado todo: los meses de dolor de espalda y ahora la extraña insensibilidad en las piernas y los brazos. La radiografía que me hizo aquel día en su consulta no reveló ningún tipo de hernia discal, pero aun así esa le parecía la explicación más probable. De modo que el siguiente paso tendría que ser una IRM. Eso nos ofrecería una imagen más precisa de lo que estaba sucediendo en mi interior. Acogí la propuesta de buena gana, ya que estaba deseoso de que el problema se resolviera. Tras hablar acerca de los distintos días disponibles, acordamos la mañana del siguiente viernes, el 23 de abril.

Para ser sinceros, salí aliviado de aquella cita del día 16. No, no aliviado del dolor y de los problemas de equilibrio; nada de eso había desaparecido. Más bien aliviado en términos de incertidumbre. Seguía sin estar bien, pero al menos parecía como si por fin supiéramos *por qué*, y eso ofrecía cierto consuelo. Después de todo, el diagnóstico de una hernia discal parecía bastante lógico, y al menos estábamos dando los pasos adecuados a efectos de resolver todo el problema. Naturalmente, no me resultaba muy grata la perspectiva de una operación quirúrgica para arreglar los problemas de espalda —había llegado a la conclusión de que quizá fuera necesaria—, pero pensé: «Si eso es lo que hace falta para que vuelva a las pistas de tenis, aquí me tienen listo para el quirófano. Si hace falta, iré por mi propio pie».

Supongo que las mejores noticias que hubo aquel 16 de abril fueron el simple hecho de haber sobrevivido a él: debido a mis problemas para andar casi me había atropellado un autobús al intentar cruzar la calle de Washington DC camino de la consulta. ¡Como verás, mi historia es la de alguien que ha sido protegido en más de un sentido!

UNA SEMANA TEMIBLE

Los siguientes siete días que mediaron hasta la IRM marcaron un rápido declive en mi condición física. Me maravillo al recordar los detalles de esos días, y más aún porque no tenía ni idea de lo que estaba sucediendo en realidad con mi cuerpo.

Recuerdo haber pasado el fin de semana del 17-18 de abril en Pittsburgh con motivo de la boda de un amigo, cruzando el vestíbulo apoyado en la pared, apoyado en Christy, apoyado en las sillas. Recuerdo mi regreso a Westminster el lunes 16 de abril y cómo comprendí posteriormente que, si aquel lunes me hubiera sentido como habría de sentirme el miércoles, jamás habría ido. Recuerdo los momentos incómodos al pasar por delante de alumnos y profesores en el campus: me hablaban con preocupación al ver cómo me arrastraba dificultosamente, pero apenas podía levantar la vista del suelo para devolverles la mirada y responder. Recuerdo cómo tuve que asistir de pie a la conferencia del Dr. Gaffin acerca de la doctrina de Cristo la noche de aquel miércoles —de pie y tomando notas apoyado en el piano del aula— porque ya no podía soportar estar sentado ni un momento. Recuerdo la forma en que dos compañeros me ayudaron a llegar a mi automóvil al concluir la lección.

Al día siguiente, el jueves, tenía otra clase, pero tras la conferencia del Dr. Gaffin tomé la decisión de volver directamente a Virginia. De nada serviría quedarme otro día en la escuela. Confiaba en la fortaleza de mis piernas para poder llevar el automóvil con ciertas garantías, por lo que la mejor opción era salir esa misma noche.

Recuerdo el largo viaje a casa, las tres horas ya familiares por los páramos de la Interestatal 95. Recuerdo cómo, tras regresar a Virginia, me pareció como si el trayecto desde mi vehículo hasta el apartamento durara otras tres horas. A cada lento y doloroso paso ascendiendo por la colina, solo en la oscuridad silenciosa de la medianoche, me iba diciendo: «Paso a paso, paso a paso», hasta llegar a nuestro edificio, subir las escaleras y, casi desplomándome a través de la entrada, meterme en la cama. (No, no fue lo que se dice un momento del tipo «hola, cariño, ya estoy en casa»).

Recuerdo pasar la mayor parte del jueves en cama, ya que era prácticamente lo único que podía hacer. Y recuerdo también el siguiente viernes, el 23 de abril de 1999, que es cuando empezó este capítulo. Mis padres habían venido de visita para el fin de semana, así que los cuatro —papá, mamá, Christy y yo— subimos al automóvil y partimos hacia el centro de IRM en la calle K de Washington. De hecho, estrictamente hablando, no fue tanto que yo subiera al vehículo como que mi padre me levantó y me llevó hasta él. A esas alturas las piernas ya no me servían de mucho.

LOS RESULTADOS DE LAS PRUEBAS

El radiólogo no empleó el término «cáncer» —al menos no en un primer momento— cuando colocó las imágenes de la resonancia magnética sobre el panel retroiluminado y señaló la masa próxima a la médula espinal que, técnicamente, no debía estar ahí. En lugar de eso, empezó utilizando palabras terminadas en «-oma», y sabíamos lo suficiente para entender que ese es el tipo de terminología que nadie quiere oír. A medida que seguía hablando, su lenguaje fue cobrando franqueza y ya no hizo falta leer entre líneas. Ya estaba sentado en una silla de ruedas cuando empezó su informe, pero Christy estaba de pie; hasta el momento en que comprendió con claridad lo que el especialista estaba diciendo. Luego, pidió sentarse también. Al final, no era una hernia discal. En un instante, todo nuestro mundo se había venido abajo.

[1] Whac-a-Mole es un juego recreativo en el que unos topos de plástico asoman aleatoriamente por una serie de agujeros.

Capítulo 2

¿Quién está al mando aquí?

Cuando uno recibe la noticia de que padece cáncer, le pasa por la cabeza un torrente de pensamientos, temores y dudas. Y, también, objeciones. Para bien o para mal, hay algunas de ellas, quizá *muchas* de ellas. Uno se dice a sí mismo: «Un momento, solo tengo veintiocho años. Aún me falta un mes para mi primer aniversario de boda. Todavía me falta un año para graduarme en el seminario. Se supone que voy a ser ministro. Me gusta jugar al tenis y al baloncesto, y salir de excursión con mi esposa. El cáncer no forma parte de ese plan. ¡El cáncer no es lo que yo habría elegido para mi propia vida de haber estado al mando!».

Y entonces, en cuanto esas palabras le pasan por la cabeza —o hasta por los labios—, se enfrenta a esta pregunta: bueno, entonces, ¿quién *está* al mando? ¿Quién *determinó* esto para mi vida? Y entonces la Biblia llega con su respuesta.

LA PROVIDENCIA DE DIOS

¡Jehová reina! Hay varios salmos en los que resuena esa afirmación:

> «Jehová reina; se vistió de magnificencia; Jehová se vistió, se ciñó de poder» (Salmo 93:1).

> «Jehová reina; regocíjese la tierra, alégrense las muchas costas» (Salmo 97:1).
>
> «Jehová reina; temblarán los pueblos. Él está sentado sobre los querubines, se conmoverá la tierra» (Salmo 99:1).

De acuerdo con estos pasajes, el Señor reina desde el Cielo con majestad y fortaleza, y su reino es legítimamente merecedor de reverencia y gozo aquí en la tierra. El Señor reina sobre la creación, tal como leemos en el Salmo 103:19: «Jehová estableció en los cielos su trono, y su reino domina sobre todos».

Hoy sabemos más aún acerca del Señor de lo que se sabía de él cuando se escribieron esos salmos. Hoy, a la luz de la obra redentora de Jesucristo y el misericordioso derramamiento del Espíritu Santo, sabemos que el Señor que reina es Dios en tres personas: el Padre, el Hijo y el Espíritu Santo. El Dios trino de la Biblia reina sobre la creación.

Y este rey no tiene un título honorífico. El Señor es un rey con *dominio*. El término que se aplica habitualmente a este dominio divino es el de «providencia». Con santidad, sabiduría y poder, Dios protege y gobierna a todas sus criaturas y todo lo que hacen. Nada de lo que sucede escapa a su gobierno bondadoso y deliberado.

Consideremos los siguientes pasajes de la Escritura. El teólogo Bruce Ware los describe acertadamente como «textos abarcantes»[1],dado que nos enseñan que la providencia de Dios abarca el inmenso abanico de cosas que suceden en el orden creado: los acontecimientos trascendentales y secundarios, los gozosos y los tristes, los públicos y los privados, sin excepción:

> «Y Jehová le respondió: ¿Quién dio la boca al hombre? ¿o quién hizo al mudo y al sordo, al que ve y al ciego? ¿No soy yo Jehová?» (Éxodo 4:11).
>
> «Ved ahora que yo, yo soy, y no hay dioses conmigo; yo hago morir, y yo hago vivir; yo hiero, y yo sano; y no hay quien pueda librar de mi mano» (Deuteronomio 32:39).

«Jehová mata, y él da vida; él hace descender al Seol, y hace subir. Jehová empobrece, y él enriquece; abate, y enaltece» (1 Samuel 2:6-7).

«Mira la obra de Dios; porque ¿quién podrá enderezar lo que él torció? En el día del bien goza del bien; y en el día de la adversidad considera. Dios hizo tanto lo uno como lo otro, a fin de que el hombre nada halle después de él» (Eclesiastés 7:13-14).

«Yo soy Jehová, y ninguno más hay; no hay Dios fuera de mí. Yo te ceñiré, aunque tú no me conociste, para que se sepa desde el nacimiento del sol, y hasta donde se pone, que no hay más que yo; yo Jehová, y ninguno más que yo, que formo la luz y creo las tinieblas, que hago la paz y creo la adversidad. Yo Jehová soy el que hago todo esto.» (Isaías 45:5-7).

«¿Quién será aquel que diga que sucedió algo que el Señor no mandó?¿De la boca del Altísimo no sale lo malo y lo bueno?» (Lamentaciones 3:37-38).

«¿Se tocará la trompeta en la ciudad, y no se alborotará el pueblo? ¿Habrá algún mal en la ciudad, el cual Jehová no haya hecho?» (Amós 3:6).

Advirtamos el rango de términos: bien, mal, luz, tinieblas, vida, muerte, fuerza, debilidad, heridas, curación, prosperidad, adversidad, abatimiento, enaltecimiento, bienestar, calamidad o desastre. Advirtamos la afirmación divina: «Yo Jehová soy el que hago todo esto» (Isaías 45:7). El Catecismo de Heidelberg de 1563 transmite esta verdad a la perfección:

Pregunta27: ¿Qué es la providencia de Dios?

Respuesta: Es el poder de Dios omnipotente y presente en todo lugar, por el cual sustenta y gobierna el cielo, la tierra y todas las criaturas de tal manera, que todo lo que la tierra produce, la lluvia y la sequía, la fertilidad y la esterilidad, la comida y la bebida, la salud y la enfermedad, riquezas y pobrezas,

> y finalmente todas las cosas no acontecen sin razón alguna como por azar, sino por su consejo y voluntad paternal.

Quizá la afirmación más clara y asombrosa de toda la Escritura acerca de la providencia abarcadora de Dios es lo que Pedro y sus compañeros apostólicos proclamaron con respecto a la crucifixión de Jesucristo, el Hijo de Dios. En aquel famoso día de Pentecostés, Pedro predicó a sus congéneres judíos en Jerusalén diciendo: «A éste entregado por el determinado consejo y anticipado conocimiento de Dios, prendisteis y matasteis por manos de inicuos, crucificándole» (Hechos 2:23).

Luego, poco después del Pentecostés, los apóstoles confesaron lo mismo juntos en oración: «Porque verdaderamente se unieron en esta ciudad contra tu santo Hijo Jesús, a quien ungiste, Herodes y Poncio Pilato, con los gentiles y el pueblo de Israel, para hacer cuanto tu mano y tu consejo habían antes determinado que sucediera» (Hechos 4:27-28).

Por supuesto, era indudable que Herodes, Pilato y otros habían sido responsables, en términos humanos, de la muerte de Jesús. Sin embargo, Pedro y sus compañeros apostólicos advirtieron que había algo que trascendía todo eso, y así lo dijeron en sus predicaciones y sus oraciones. Comprendieron que la muerte de Jesús había tenido lugar en cumplimiento del plan de Dios, su plan de *salvación*. ¡Aquí tenemos la prueba más clara y reconfortante de que el Señor reina!

UNA INTERPRETACIÓN PERSONAL DE LA PROVIDENCIA

También debemos advertir —y aquí nos acercamos más a lo que significa esta verdad para el enfermo de cáncer— que el amplio radio de la Providencia abarca el curso de toda vida humana. La Biblia también deja eso claro. Consideremos, por ejemplo, estas afirmaciones de Proverbios:

> «El corazón del hombre piensa su camino; mas Jehová endereza sus pasos» (Proverbios 16:9).

> «Muchos pensamientos hay en el corazón del hombre; mas el consejo de Jehová permanecerá» (Proverbios 19:21).

También aquí vemos que la intervención humana es real: el ser humano planifica. Y sabemos que obra en concordancia con sus planes. Sin embargo, también vemos algo más: vemos que este plan divino no prevalece y se cumple a pesar de los planes y las obras del ser humano, sino gracias a que Dios los gobierna y los dirige.

En esa misma línea, tenemos la advertencia de Proverbios 27:1: «No te jactes del día de mañana; porque no sabes qué dará de sí el día». El apóstol Santiago toma esa idea de Proverbios y la delinea más nítidamente aún:

> «¡Vamos ahora! Los que decís: Hoy y mañana iremos a tal ciudad, y estaremos allá un año, y traficaremos, y ganaremos; cuando no sabéis lo que será mañana. Porque ¿qué es vuestra vida? Ciertamente es neblina que se aparece por un poco de tiempo, y luego se desvanece. En lugar de lo cual deberíais decir: Si el Señor quiere, viviremos y haremos esto o aquello. Pero ahora os jactáis en vuestras soberbias. Toda jactancia semejante es mala; y al que sabe hacer lo bueno, y no lo hace, le es pecado» (Santiago 4:13-17).

¿Adviertes la forma en que Santiago plantea la idea de forma positiva y negativa a un tiempo? Por un lado, enseña que, en última instancia, uno no dirige el curso de su propia vida. Puede que lo que hayamos pensado para el día de hoy o el de mañana suceda o no. Hasta nos recuerda que no está garantizada ni tan siquiera nuestra mismísima supervivencia diaria. La vida humana es frágil y fugaz, evanescente como la neblina. Por otro lado, Santiago enseña que el Señor dirige el curso de nuestra vida: «Si el Señor quiere». Santiago no nos está pidiendo que pronunciemos esas palabras, o algún equivalente, cada vez que tracemos algún plan para el futuro, sino que nos pide que alberguemos ese reconocimiento en el corazón. Y, si lo hacemos, de vez en cuando se reflejará en nuestras palabras. En conclusión, debemos interpretar esto en un sentido personal: el Señor reina, y reina sobre mí.

Es más sencillo hacer una interpretación personal de esta verdad cuando entendemos sus implicaciones —de manera más concreta, lo que no implica— en lo tocante al mundo en que vivimos. Es importante que entendamos que Dios no ejerce su soberanía barriendo de un plumazo todas las relaciones de causa-efecto del mundo, sino manteniendo y gobernando esas relaciones. En otras palabras, no es como si la causa y el efecto fueran un espejismo y sea Dios quien lo hiciera todo, se encargase de todo acto y dijese toda palabra.

No, cuando tecleo ante mi computadora soy yo quien pulsa las teclas, no Dios, y he sido yo quien h tomado la decisión genuina de hacerlo. En este mundo se teclea bajo el gobierno de Dios, pero Dios no es el mecanógrafo. De igual modo, en este mundo hay pecado bajo su reinado, pero Dios no es el pecador. Lo que la Biblia enseña es que Dios gobierna nuestro mundo real de causa-efecto sin anular su verdadera naturaleza.

En esa causa-efecto entran los actos y las decisiones de los seres humanos. Y también entran las células del cuerpo —algunas de las cuales se vuelven malignas—, los avances médicos —muchos de los cuales salvan vidas—, y los actos de doctores, enfermeras y pacientes. En resumen, creer en lo sobrenatural no es una negación de la existencia de lo natural, con todo lo que el mundo natural implica, incluyendo las células, la quimioterapia y las elecciones humanas. Es simplemente reconocer que hay alguien que está *por encima* de lo natural, puesto que ese es el significado de «sobrenatural».

LOS BUENOS PROPÓSITOS DE DIOS

La Biblia no solo enseña que el Señor reina sobre los acontecimientos terrenales, sino que también está cumpliendo sus buenos propósitos al hacerlo. Encontramos la declaración bíblica clásica de esta verdad en las palabras de José. Esto es lo que José dijo a sus hermanos con respecto a las afrentas que cometieron en tiempos contra él: «Vosotros pensasteis mal contra mí, mas Dios lo encaminó a bien, para hacer lo que vemos hoy, para mantener en vida a mucho pueblo» (Génesis 50:20). Aquí vemos muchos hilos entrelazándose: 1) la realidad de la intervención y la responsabilidad humanas (tristemente, en este caso los actos pecaminosos de los hermanos de José); 2) el control divino que los dispuso; y 3), un buen propósito divino al disponerlos de tal forma. José enseña a sus hermanos que Dios había obrado soberanamente el maltrato que había sufrido a manos de ellos con el objetivo de cumplir su buen propósito de salvar las vidas de muchos en medio de la hambruna años después. Dios nunca obra aleatoriamente. Siempre sabe lo que está haciendo y por qué.

La Biblia arroja cierta luz —una luz maravillosa— acerca de cuáles son los buenos propósitos de Dios, pero no responde a todas las preguntas que cabría plantear. Por un lado, Dios nos muestra en su Palabra una panorámica de sus propósitos, ¡y es una panorámica maravillosa! Está disponiendo todas las cosas de tal forma que, en cierto momento, conduzcan al final de la historia, instante en el que demostrará su grandeza en la culminación de la redención de su pueblo así como en la ejecución de su justicia perfecta en el caso de quienes lo rechazaron. Hay un día maravilloso y terrible reservado en el fin de los tiempos, y Dios está gobernando toda la historia, aun en el menor de los detalles, para llevarnos hasta allí. El cristiano puede aplicar esa verdad de forma completamente personal: sabe que Dios está disponiendo todos los acontecimientos y las circunstancias de su propia vida de tal forma que lo lleven hasta su hogar celestial, y le permitan crecer en piedad por el camino.

Por otro lado, la Biblia no proporciona —en ese sentido, *no puede* hacerlo— los detalles exactos de la forma en que todos y cada uno de los sucesos de nuestra vida contribuyen al cumplimiento de ese gran propósito. A menudo, esos elementos quedan rodeados de misterio para nosotros. Podemos observar ciertas consecuencias de cosas que nos han pasado, pero ni siquiera en ese caso podemos estar completamente seguros del significado más amplio de esos resultados. Y no solo eso, ¿cuántas veces hemos visto que los resultados que, en cierto momento, parecían tan claros, cambiaban por completo pocas horas después?

En resumen, la Biblia solo nos dice lo que necesitamos saber acerca de los propósitos de Dios, ni más ni menos. Podemos acabar preguntándonos por los detalles, pero nuestro deber constante es darnos por satisfechos con la visión general que nos ofrecen las Escrituras, una perspectiva muy adecuada para contentarnos de esa forma. La historia avanza en dirección a la gloria de Dios en la salvación de su nueva raza humana, y el cristiano puede decir: «¡Eso me incluye a mí!».

Por eso el cristiano puede confesar en una canción: «Lo que Dios hace bien hecho está». Cantar tales palabras no significa decir que todo lo que disponga será «bueno» en el sentido de algo intrínsecamente bueno y motivo de deleite para nuestras almas. Después de todo, muchas de las cosas que Dios ordena son casos de maldad humana, enfermedades letales y desastres naturales. En lugar de eso, confesamos que todo lo que obre es «bueno» en el sentido de que es divinamente sabio, perfectamente ajustado al desarrollo de sus propósitos en nuestra vida, y que contribuye de alguna forma al cumplimiento de la gloriosa culminación de la historia. Así, podemos dar gracias a Dios por su sabiduría al determinar nuestra vida, incluyendo sus pruebas, y al mismo tiempo anhelar el día en que tales pruebas toquen a su fin. Podemos cantar un himno así aun entre lágrimas, y al mismo tiempo anhelar el día en que nuestras lágrimas queden enjugadas por completo (Apocalipsis 21:4).

OBJECIONES

Es casi imposible pensar y escribir acerca de la soberanía de Dios sin ser consciente de que esta es una idea muy desagradable para algunos, que plantean sus objeciones.

Por ejemplo, en respuesta a la afirmación de que Dios gobierna todas las causas y efectos reales de nuestro mundo sin modificar su verdadera naturaleza, se suele objetar: pero ¿cómo es esto posible? ¿Cómo pueden ser la causa y el efecto reales si Dios los controla? ¿Cómo funciona eso?

La respuesta es: eso no es una objeción, ¡solo es una pregunta! Simplemente preguntar *cómo* es posible que algo sea no es demostrar que *no pueda* serlo. Tal vez la forma en que Dios supervisa la creación y cumple sus propósitos escape a nuestro entendimiento, pero eso difícilmente puede llevarnos a la conclusión de que no sea verdad. Y ante la clara enseñanza bíblica de que es verdad, no nos queda otra alternativa más que postrarnos en adoración y confesarlo, reconociendo abiertamente al mismo tiempo que quizá no seamos capaces de explicarlo. No hay nada contradictorio aquí, nada irracional. Lejos de serlo, es la convicción más eminentemente racional de todas, puesto que proviene de la mismísima Palabra de Dios. ¡Al fin y al cabo, Dios es Dios!

Otros, que se sienten incómodos con la noción de una soberanía divina general, procuran introducir salvedades. Por ejemplo: sí, el Señor reina; menos en las cosas dolorosas que nos pasan, que escapan a su control. O: sí, el Señor reina; menos en las decisiones que tomamos. Renuncia deliberadamente a su soberanía en ese aspecto y deja que los hombres y las mujeres sean los dueños últimos de sus destinos.

Sin embargo, el problema de todas esas ideas (¡y qué maravilloso problema es este!) es que la Biblia simplemente no nos permite introducir tales salvedades en la providencia de Dios. Recordemos los «textos abarcantes» que consideramos anteriormente.

Y aun con independencia de la enseñanza explícita de esos pasajes, debemos preguntarnos: ¿qué clase de «reinado» le queda al Señor cuando socavamos su soberanía de semejante forma? ¿De verdad podemos imaginar al salmista exclamando: «¡Jehová reina!» si pensara que las circunstancias dolorosas y el proceso humano de toma de decisiones estuvieran fuera del alcance de ese reinado?

Seamos realistas en lo tocante a la vida en este mundo: ¿hay alguna cosa que suceda en nuestras vidas o, de hecho, *cualquier cosa* que suceda, que no esté teñida de tristeza (al menos en cierta medida) ni tenga relación con las elecciones humanas (al menos indirectamente)? Al Señor le quedaría, sin duda, un reino muy pequeño si todas esas cosas quedaran en última instancia al azar.

También aquí sirve de ayuda remontarse a la muerte de Jesús en la cruz. Detengámonos un momento a pensar en lo que sucedió en el Calvario. De manera más concreta, parémonos a meditar en lo que todo creyente genuino piensa, siente y dice acerca de lo que allí sucedió. Cuando se arrodilla en oración, todo el que tiene una genuina fe salvadora, si agradece algo a Dios, es que Jesús muriera en la cruz para salvar a su pueblo de sus pecados. Porque ¿qué otro don mayor ha recibido que reclame su gratitud? Bien, si da gracias a Dios por ello, debe creer en lo más profundo de sí que en última instancia Dios fue responsable de ello. En otras palabras, debe creer que Dios *llevó a término* la muerte de Jesús. Después de todo, este «te doy gracias» no es un mero agradecimiento de cortesía en virtud del cual reconozca la contribución de un personaje secundario a una obra que escapaba a su control.

Y aquí está la idea: da gracias a Dios por ello con la plena conciencia de que lo que sucedió en la cruz fue la injusticia más trágica que jamás se haya visto en toda la historia humana.

Consideremos el horror insondable del Santo cargando con nuestro pecado a los ojos de Dios. Consideremos la injusticia indecible de unos pecadores ejecutando al Vivo: crucificaron al Señor de gloria (1 Corintios 2:8). Y, sin embargo, el creyente arrodillado, consciente de todo eso, da gracia a Dios por que sucediera. No solo se alegra de que sucediera, sino que responsabiliza a Dios activamente de ello. De este modo, debe creer en lo más profundo de su ser que Dios obra aflicciones igual que alegrías, tinieblas igual que luz: «Yo Jehová soy el que hago todo esto».

Y no solo eso, sino que el cristiano es perfectamente consciente de que las decisiones humanas lo condujeron a la cruz: decisiones genuinamente humanas, libres y pecaminosas. Y sabe tal cosa porque la Biblia se lo dice: Herodes, Poncio Pilato, los gentiles y el pueblo de Israel desempeñaron su papel (Hechos 4:27), tomando decisiones y luego poniéndolas en práctica. ¿Por qué, pues, expresa su gratitud a Dios? ¿Por qué no se limita a dar gracias a Herodes y Pilato sin ir más allá? Da gracias a Dios porque, en lo más profundo de sí, sabe que los actos de aquellos hombres no fueron sino el cumplimiento de un plan divino. En otras palabras, no sabe más que lo que Hechos 2 y 4 le ponen negro sobre blanco. La cuestión es que, al pronunciar esas oraciones de gratitud, el cristiano revela aquello de lo que es consciente en las profundidades de su ser, que es que la providencia de Dios no tiene fisuras, ni grietas, ni excepciones. El Señor reina sobre todo, y el Señor reina sobre mí.

LA VERDAD APLICADA

Ahora bien, ¿qué conclusión sacamos de todo esto? Hay dos conclusiones, una general y otra concreta.

La conclusión general es la siguiente: en última instancia, es Dios quien controla el curso de mi vida, no yo.

La conclusión concreta es la siguiente: cuando aparece el cáncer, es porque Dios así lo ha dispuesto. Forma parte de su plan soberano para la vida en este mundo maldito, no es una excepción a ese plan. Quizá no entienda *cómo* lo hizo, pero sé perfectamente *que* lo hizo.

Naturalmente, Christy y yo no esperábamos que Dios fuera a enseñarnos estas lecciones de la forma en que lo hizo. Fue un camino difícil. Sí, como se suele afirmar, no hay nada como la perspectiva de la horca para aclararle a uno las ideas, no hay nada como que a uno le diagnostiquen un cáncer para acudir al taller espiritual en busca de una reparación muy necesaria.

Tal como lo expresó Christy tan acertadamente en los días posteriores a mi diagnóstico, tuvimos que afrontar el hecho de que la historia de nuestra vida juntos no iba a seguir necesariamente el «guion» que habíamos escrito. Ciertamente, la vida que habíamos previsto antes de que el cáncer hiciera acto de presencia no lo incluía como parte de la trama. Habíamos escrito mentalmente una historia preciosa de un hombre y una mujer que, tras años forjando una maravillosa y sólida amistad (mediaron casi nueve años entre nuestro primer encuentro y el día de nuestra boda), decidieron recorrer juntos el camino al altar y luego compartir los gozos y las tristezas de la paternidad (con la balanza inclinada hacia los gozos, claro está), hasta que por fin llegaran a sus años de madurez rodeados de hijos y nietos que se levantaran para bendecirlos. Puede que el guion hasta mencionase la parte en que todos los hijos tuvieran un oído musical perfecto ya que, al fin y al cabo, si uno decide escribir su propia historia, ¿por qué no incluir a unos hijos que canten como ángeles?

Sin embargo, entonces llegó el 23 de abril de 1999 y, de pronto, todo cambió. Súbitamente, el diagnóstico de mi cáncer anunció alto y claro que no estábamos viviendo *nuestro* propio guion, sino el de *Dios*. Fue la manera de nuestro Padre providencial de decir: «Un momento, no tan rápido, Paul y Christy». Súbitamente, el día que supuestamente iba a ser el primer aniversario de boda de Christy, nos enfrentamos a la posibilidad de su viudez. Fue una manera bastante violenta de despertar, pero no lo fue más de lo necesario. Christy y yo necesitábamos que se nos despertase —nuevamente— a la realidad de que es Dios quien está al mando, no nosotros. Nos sentimos heridos en nuestro orgullo, pero lo cierto es que fue una herida buena y misericordiosa.

No es malo tener aspiraciones para el futuro. Por el contrario, la vida se convierte en algo estancado y pesado si no las tenemos. *Deberíamos* mirar hacia delante. Lo que sucede es que no debemos aferrarnos a esas aspiraciones con demasiada fuerza, sabedores de que el Señor puede tener otros planes. Y, como ya hemos visto, es su plan el que prevalece.

Comprensiblemente, nos preguntamos (tal como hacen muchos en similares circunstancias) por qué nos estaba sucediendo eso a nosotros. En aquel momento, y en muchos otros posteriormente, tuvimos que recordar que, aun cuando desconociéramos los detalles exactos del plan de Dios, sabíamos con certeza su gran propósito: estaba obrando su propia gloria y nuestro bien, y orquestando cada detalle de nuestras vidas a tal efecto. Sabíamos que había obrado aun mi cáncer para, de alguna forma, acercarnos al cumplimiento de nuestros destinos en el marco de su plan, lo que incluía hacernos más semejantes al carácter de Cristo.

De hecho, ese mismo consuelo se convirtió en un llamamiento: no solo sabíamos que Dios llevaría a término esos propósitos, sino que nosotros teníamos que desempeñar el papel de quien debe buscar y encontrar. Sabíamos que nuestro deber en esto era el mismo que había sido siempre: confiar en él, amar a quienes nos rodeaban y procurar crecer en piedad. Lo cierto es que, en ocasiones, cuando estamos sufriendo, nos enredamos tanto preguntándonos por cosas que no podemos saber que acabamos pasando por alto las cosas que *sí podemos* saber: las valiosas promesas de la Escritura acerca de los grandes propósitos de Dios, los claros mandatos de la Escritura de amar a Dios y al prójimo a diario, y los llamamientos del Señor a sus discípulos a buscar y encontrar la gracia en su camino a la gloria. Lo principal no ha quedado abandonado a la incertidumbre. La única pregunta es: ¿abriremos los ojos y las veremos allí, claramente impresas en las páginas de la Biblia, y creeremos?

Permítaseme dejar esto claro: también sabíamos que nuestro llamamiento era luchar contra esta terrible enfermedad. El reinado de Dios sobre nuestras vidas —incluyendo nuestras elecciones— no significa que nuestras opciones no sean reales, por lo que nunca debe conducir a la pasividad. Había una buena batalla que pelear, la batalla contra el linfoma no Hodgkin, y apenas recibimos el diagnóstico nos enfundamos los guantes de boxeo. Sin embargo, lo hicimos a sabiendas de que el resultado de esa batalla —ya fuera la emoción de la victoria o el tormento de la derrota— se hallaba en manos del Señor. También sabíamos que, aun si yo perdiera la batalla contra el cáncer, nuestro Padre celestial utilizaría tal derrota para obrar la victoria más emocionante de todas: mi paso a la presencia de mi Salvador.

ESTA ES MI POSTURA

Sé que algunos de mis amigos no compartían mi convicción de que era el Señor quien había obrado mi cáncer. Puedo recordar una conversación en particular en la que un amigo querido me dejó claro que no podía aceptar semejante afirmación.

Dejando de lado por un momento la consideración de que la Biblia lo enseña —esto es, la soberanía universal de Dios—, consideremos esta pregunta: ¿de verdad querríamos que fuera de alguna otra forma?

Admitamos que tan solo *una* cosa queda fuera del control de Dios, y en ese momento habremos abierto la caja de Pandora de la incertidumbre y la desesperación. Si mi cáncer escapaba a su control, ¿cómo saber qué otras cosas escapan a su control, y cómo saber cuáles son, y si podrá o no llevar a cabo algo redentor, transformador, con *alguna* de las cosas que me sucedan? Cuando uno padece cáncer, hay quienes intentan consolarlo con la idea de que Dios no tiene nada que ver con ello. Sin embargo, ese es un consuelo muy frío. Gélido, más bien.

Después de todo, ¿qué alternativas hay? ¿De verdad quería pensar que la explicación última de mi enfermedad es algo que un puñado de células malignas simplemente llevó a cabo un día? ¿O lo que la raza humana merece justamente desde la caída? ¿O que Satanás pudo llevar a cabo? ¿O (ya saliendo por entero de los dominios de la fe) lo que el puro azar puso en mi camino? ¿Qué clase de consuelo ofrece cualquiera de semejantes afirmaciones?

Adviértase que he dicho la explicación «última». Sí, el cáncer implica células malignas (tal como dije anteriormente, lo natural es real). Sí, el mundo en que vivimos está maldito. Sí, Satanás es real y actúa. Sin embargo, ¿debo concluir por ello que no existe ninguna explicación más elevada que cualquiera de esas consideraciones, ninguna referencia superior, ningún propósito por encima de ello?

¡En modo alguno! Tomemos esas terribles consideraciones y pasémoslas por la picadora teológica, todas y cada una de ellas. No quiero saber nada de una cosmovisión que afirma que las células, la maldición o Satanás son el factor último. No quiero saber nada de un «dios» patético, parcialmente soberano.

Me glorío en esto: que fue mi Padre amante en lo alto quien depositó en mis manos la prueba que supuso mi cáncer, junto con los tratamientos que recibí por su causa. Y al depositarlos allí, me llamó a través de las Escrituras a confiar en él, prometiéndome que me enseñaría y me transformaría a lo largo del camino, y que un día me llevaría a un hogar celestial libre de cáncer y de aflicciones. La pregunta clásica cuando se trata del sufrimiento es: ¿dónde está Dios en esto? ¿Dónde estaba Dios cuando padecí un cáncer? Permítaseme decirlo: estaba justo delante de mí, gobernando mi vida, exigiendo mi fe. ¡Dios soberano! ¡Salvador misericordioso!

Nuevamente, solo necesitamos remontarnos a la cruz. ¡Cuán a menudo necesitamos volver allí! Por terrible e infame que sea el cáncer —y lo es—, palidece en comparación con la sombra de la cruz. Veamos allí el horror insondable, la injusticia indecible. Los cristianos glorificamos a Dios con presteza por obrar nuestra salvación por medio de ese horrendo acontecimiento. ¿Queríamos entonces retractarnos de nuestras convicciones más profundas y, en el caso del cáncer, decir: «Dios no ha tenido nada que ver con eso»? No, entremos en razón espiritualmente y postrémonos ante el Señor soberano.

¿UN EXTRAÑO COMIENZO?

Quizá alguien se pregunte por qué he comenzado de esta forma, por qué es esa la primera lección de mi libro. Después de todo, esta es una cuestión que ha supuesto un problema para el ser humano desde los inicios de su historia, la cuestión del control del Cielo sobre los acontecimientos terrenales. Esta es una reivindicación que muchos —aun cristianos— consideran controvertida. ¿Por qué no empezar por otras afirmaciones, en las que todos podamos estar de acuerdo y nos sirven de consuelo, y dejar este asunto de la soberanía para un capítulo posterior o puede que hasta para un apéndice?

La respuesta es que, cuando se trata del cáncer, no podemos postergar la consideración de la soberanía. La verdad del gobierno bondadoso y deliberado de Dios no puede quedar relegada a un apéndice. En capítulos posteriores abordaremos cuestiones como la esperanza y el gozo, pero no existe un cimiento sólido para aquella, ni motivo constante de disfrute fuera de la convicción de que quien está disponiendo todo el curso de mi vida (*toda* mi vida, sin fisuras, sin grietas, sin excepciones) es mi amoroso Padre celestial. Pertrechados con esa convicción, las pruebas cobran una tonalidad muy distinta.

Sin lugar a dudas, es veraz afirmar: «Lo que Dios hace bien hecho está». Sin embargo, el cristiano puede decir algo mucho más dulce: «Lo que *mi* Dios hace bien hecho está». Ese es el título del himno, y esa es la canción del cristiano. Mi Dios; mi Padre celestial; mi fiel Salvador. El Dios que es, es un Dios que me ama, y confío en su amor con independencia de lo que disponga para mí. ¿Puedes cantar esa canción?

Aprendamos todos nosotros a tomar nuestra posición aquí:

> «Jehová reina; regocíjese la tierra».

[1] A. Ware, Bruce: *God's Lesser Glory: The Diminished God of Open Theism*, pp. 203-207 (Crossway Books, Wheaton, Illinois, 2000).

Capítulo 3

La puntuación espiritual

Tal como dije al comienzo del capítulo anterior, cuando uno descubre que tiene cáncer, le pasa por la cabeza toda clase de preguntas y temores. Naturalmente, una de esas preguntas es: ¿me dará Dios la curación? En otras palabras, ¿funcionará toda esta cirugía, quimioterapia y radioterapia? Para algunos, la pregunta es aún más precisa. Se preguntan: «¿Ha prometido Dios curarme?». En otras palabras: ¿puedo confiar en ello? Y aún más: ¿cuáles son las promesas de Dios? ¿Con qué cosas puedo contar como creyente en Jesús?

DOS CATEGORÍAS

Es obvio que algunas cosas de la vida son seguras, mientras que otras son inciertas. La sabiduría popular dice que las cosas seguras son la muerte y los impuestos, mientras que prácticamente todo lo demás entra en la otra categoría. Hay algo de cierto en esa observación, pero la Palabra de Dios nos proporciona una sabiduría aún mejor.

Por un lado, la Biblia reconoce sin ambages la presencia de la incertidumbre en la experiencia humana, aun en la experiencia de quienes confían en Dios. En el capítulo anterior, citamos Proverbios 27:1: «No te jactes del día de mañana; porque no sabes qué dará de sí el día»; y vimos la forma en que el apóstol Santiago desarrolla esa cuestión (Santiago 4:13-17).

Jesús enseñó la misma verdad. La enseñó, de forma estremecedora, relatando la historia de un hombre que no confiaba en Dios. Narró la parábola de un hombre rico que, además, era necio y planeaba ampliar sus graneros para dar cabida a sus cuantiosos bienes, hasta que la muerte lo tomó desprevenido (Lucas 12:16-21). Aquel hombre no había asimilado la incertidumbre y la fragilidad de la vida.

Hay varias historias bíblicas que retratan esta incertidumbre con colores muy vivos. Consideremos la historia de Job. ¿Quién habría podido vaticinar que Job pasaría casi instantáneamente de una gran abundancia a una penosa escasez? Recordemos la suerte que corrió Nabucodonosor, el rey de Babilonia, en Daniel 4. ¿Quién habría previsto que también él se vería tan dramáticamente degradado, en este caso desde la gloria monárquica hasta la humillación animal... para luego ser restaurado a su trono? Consideremos las madres de Belén que se nos presentan en Mateo 2. ¿Quién habría podido decir que, debido a un arrebato de regia ira homicida, caerían tan súbitamente en un dolor tan profundo?

Por supuesto, pecaríamos de parcialidad si dijéramos que las únicas sorpresas de esta vida son los desastres y las expectativas truncadas. Después de todo, hay algunas sorpresas agradables. En ocasiones, nuestras vidas cambian a mejor de forma inesperada. Recordemos la historia de los hermanos de José en Génesis 45. ¿Quién habría previsto que el primer ministro de Egipto resultaría ser José mismo, y que los trataría misericordiosamente? Consideremos la experiencia de Mordecai en Ester 6. ¿Quién habría vaticinado que, antes de terminar el día, sería Amán quien acompañaría a Mordecai por la ciudad aclamándolo como el objeto de la honra y el deleite del rey? Recordemos la historia de Saulo de Tarso. ¿Quién habría adivinado que un detractor tan denodado del evangelio se convertiría en su más influyente siervo?

A menudo, cuando leemos una novela o vemos una película, un giro en la trama nos hace exclamar: «¡Vaya, no me esperaba *eso!*». Advertimos eso mismo en la Biblia y en nuestras propias historias: en la vida, hay muchas cosas imprevisibles, ya sean gozos o penas. No sabemos lo que traerá el día. ¡La incertidumbre!

Por otro lado, la Biblia proclama la solidez inquebrantable de las promesas de Dios. Por ejemplo, Dios nos ha prometido que otorgará la salvación a todos los que acudan a él con un arrepentimiento y una fe genuinos, encomendándose a su misericordia revelada en Jesucristo: «Todo aquel que invocare el nombre de Jehová será salvo» (Joel 2:32; Romanos 10:13). Ha prometido permanecer con todos aquellos que confíen en él, sin privarlos jamás de su amor: «No te desampararé, ni te dejaré» (Hebreos 13:5). Ha prometido que moldeará a quienes confíen en él para que crezcan en piedad, puesto que tal era su propósito aun antes del comienzo del tiempo: Dios «nos escogió en él antes de la fundación del mundo, para que fuésemos santos y sin mancha delante de él» (Efesios 1:4).

Dios ha llegado a prometer que la muerte misma no podrá vencer al creyente. Jesús dijo a Marta, la hermana de Lázaro: «Yo soy la resurrección y la vida; el que cree en mí, aunque esté muerto, vivirá. Y todo aquel que vive y cree en mí, no morirá eternamente. ¿Crees esto?» (Juan 11:25-26). La resurrección no solo significa ser protegidos en la muerte, sino la entrega un día —aquel en que Cristo retorne— de un nuevo cuerpo celestial apto para la vida en el Cielo: «Mas nuestra ciudadanía está en los cielos, de donde también esperamos al Salvador, al Señor Jesucristo; el cual transformará el cuerpo de la humillación nuestra, para que sea semejante al cuerpo de la gloria suya, por el poder con el cual puede también sujetar a sí mismo todas las cosas» (Filipenses 3:20-21).

Siglos antes de que Jesús y Pablo pronunciaran estas palabras, Dios había hecho una promesa de victoria sobre la muerte a Israel, el pueblo del Antiguo Testamento:

> «Ahora, así dice Jehová, Creador tuyo, oh Jacob, y Formador tuyo, oh Israel: No temas, porque yo te redimí; te puse nom-

> bre, mío eres tú. Cuando pases por las aguas, yo estaré contigo; y si por los ríos, no te anegarán. Cuando pases por el fuego, no te quemarás, ni la llama arderá en ti. Porque yo Jehová, Dios tuyo, el Santo de Israel, soy tu Salvador; a Egipto he dado por tu rescate, a Etiopía y a Seba por ti» (Isaías 43:1-3).

El cristiano, al afrontar la muerte, interpreta esa promesa legítimamente en un sentido personal: cuando pase por las aguas —aun por el torrente de la muerte misma—, el Señor no me dejará ni me desamparará, sino que permanecerá a mi lado hasta llevarme a mi hogar. Esta maravillosa promesa fue lo que inspiró la emocionante culminación de *El progreso del peregrino*, el clásico de Juan Bunyan del siglo XVII, cuando el peregrino (Cristiano) pasa por las aguas antes de llegar a la Ciudad Celestial. Echando la vista atrás, considero muy llamativo que, tan solo unos días antes de mi diagnóstico, entregara un artículo en el seminario que versaba precisamente acerca de ese texto de Isaías.

Por supuesto, eso no es más que un ejemplo. Hay muchísimos pasajes de la Biblia que nos muestran las certezas del evangelio.

Advirtamos que ahora todas esas promesas cobran una maravillosa dimensión cristiana. Tal como escribió Pablo a los corintios con respecto a Cristo: «Todas las promesas de Dios son en él Sí» (2 Corintios 1:20). Es gracias a Jesucristo —su persona, lo que logró, lo que está haciendo ahora y lo que hará al final— por lo que el creyente puede estar seguro de que ninguna de esas promesas caerá a tierra.

Uno de mis pasajes favoritos de la Biblia acerca de la fidelidad de Dios en el cumplimiento de sus promesas es el de Josué 21. Las victorias de Israel en la Tierra Prometida se resumen de la siguiente forma:

> «De esta manera dio Jehová a Israel toda la tierra que había jurado dar a sus padres, y la poseyeron y habitaron en ella.

> Y Jehová les dio reposo alrededor, conforme a todo lo que había jurado a sus padres; y ninguno de todos sus enemigos pudo hacerles frente, porque Jehová entregó en sus manos a todos sus enemigos. No faltó palabra de todas las buenas promesas que Jehová había hecho a la casa de Israel; todo se cumplió» (Josué 21:43:45).

El último versículo («no faltó palabra») es uno de los que he enseñado a mis hijos. Les encanta declamar la última afirmación: «¡Todo se cumplió!». Hoy sigue siendo tal como era en tiempos de Josué, y así seguirá siempre: todas las promesas de Dios se cumplen.

También debemos advertir, a fin de hacer justicia a todo el consejo de Dios, que las promesas de bendiciones del evangelio no son las únicas palabras que Dios ha prometido cumplir. También cumplirá palabras como estas: «Está establecido para los hombres que mueran una sola vez, y después de esto el juicio» (Hebreos 9:27). «El que cree en el Hijo tiene vida eterna; pero el que rehúsa creer en el Hijo no verá la vida, sino que la ira de Dios está sobre él» (Juan 3:36). La muerte y el juicio vendrán y, para muchos, ese juicio supondrá la ira divina. Estas son verdades solemnes, sin duda alguna, pero no son menos seguras o fiables que las promesas de salvación.

Por suerte, el cristiano no tiene por qué vivir en el temor de que la ira de Dios caiga sobre él: «Ahora, pues, ninguna condenación hay para los que están en Cristo Jesús» (Romanos 8:1). Vive con el día venidero en mente, y tiembla ante la idea de la justicia que muchos habrán de conocer —una justicia que él mismo habría merecido de no ser por la gracia—, pero avanza confiado en que ha sido perdonado en Cristo, e investido de una justicia perfecta, por lo que está preparado para ese día. Para el creyente, el final de su vida supondrá con toda certeza el florecimiento pleno de la vida eterna con Dios y con su pueblo en la gloria. ¡La certidumbre!

LA PUNTUACIÓN INVERTIDA

La vida nos enfrenta, pues, a estas dos categorías: las cosas inciertas y las seguras.

Ahora bien, aquí tenemos una lección: cuando empezamos a confundir las dos, empiezan a surgir verdaderos problemas.

Pensemos en esto como una cuestión de «puntuación espiritual». Por un lado, hay algunas partes de la vida —las cosas inciertas— que puntuamos apropiadamente con un interrogante. ¿Lloverá en nuestra excursión al campo? ¿Conseguiré el puesto de trabajo para el que hice la entrevista? ¿Me casaré algún día y tendré hijos? ¿Me pillará un atasco en el camino de vuelta a casa? (¡Advirtamos que, aun las certezas *aproximadas* no lo son en un sentido *absoluto*!).

Por otro lado, hay algunas cuestiones —y aquí situaríamos las promesas de la Palabra de Dios— que se puntúan apropiadamente con exclamaciones. ¡El perdón del pecado, la presencia permanente de Dios, la renovación continua de corazón y mente, y hasta la protección y la llegada al hogar tras la muerte! ¡Dios concederá todo eso al creyente, sin asomo de duda!

El problema es que, a menudo, invertimos la puntuación en nuestros corazones. Ponemos signos de interrogación allá donde corresponden los de exclamación, y viceversa.

Ponemos un signo de exclamación a algunas cosas inciertas porque hemos logrado convencernos a nosotros mismos de que nos serán favorables con toda certidumbre. Aun los que repudiamos el tipo de ideas absurdas de «salud y prosperidad» con el que juegan algunos predicadores populares, podemos descubrir que esas mentiras se han hecho hueco en nuestros corazones. Aun cuando no lo proclamemos a los cuatro vientos, podemos estar pensando en lo más hondo de nosotros: «Ciertamente, mi amoroso Padre celestial nunca me permitiría sufrir la decepción y la calamidad». Tal cosa equivale a poner promesas en la boca de Dios.

Y, a la inversa, ponemos signos de interrogación en las

promesas del evangelio porque nos cuesta creer que algo tan maravilloso —y tan invisible— pueda ser realmente cierto. O, si es cierto, ¿puede merecer tanto la pena? La antigua mentira comenzó con estas palabras: «¿Ha dicho Dios?», y en lo más profundo de nosotros tendemos a tratar aun sus más valiosas promesas del mismo modo.

¿Adviertes la forma en que tendemos a invertir nuestra puntuación espiritual?

El resultado final es que algunos cristianos acaban viviendo así:

¡Nuestra excursión será *sin duda* un éxito rotundo!

O: ¡*Seguro* que consigo el puesto de trabajo para el que me han entrevistado!

O: ¡Estoy *convencida* de que un día seré madre!

Pero: ¿*De verdad* permanecerá Dios a mi lado en todo lo que me pase, aun la muerte?

O: ¿Es el Cielo un lugar *real*, y estoy verdaderamente destinado a llegar a él al final?

O: ¿Me ama Dios *realmente* como alguien a quien contempla en su amado Hijo?

Claramente, los resultados de semejante inversión en la puntuación pueden ser devastadores. Por un lado, si pongo un signo de exclamación en mi obtención de ese puesto de trabajo, con la creencia de que Dios lo ha garantizado, pero luego no se cumple, solo puedo preguntarme: «¿Será fiel al final de todo?». Por otro lado, si pongo un signo de interrogación a las promesas del evangelio, dudando de su veracidad, me despierto a diario sin esperanza. En cualquiera de los casos, mi fuerza espiritual queda minada: o bien ya no creo que Dios cumpla sus promesas, o bien soy incapaz de abrazar las promesas que ha declarado realmente en su Palabra.

EL CÁNCER, LA CURACIÓN Y LA CERTIDUMBRE

Ahora bien, aquí tenemos la pregunta: ¿dónde ponemos la perspectiva de ser curado del cáncer? ¿Bajo qué categoría?

¿En la certidumbre o en la incertidumbre? ¿Signo de exclamación o de interrogación?

Entiendo que a algunos les cueste aceptarlo, pero la respuesta es que entra en la categoría de «incertidumbre». La puntuación adecuada es el interrogante. En lugar de afirmar: «¡Seguro que seré curado de mi cáncer!», el enfermo pregunta apropiadamente: «¿Seré curado de mi cáncer?». Y entonces, tras haber preguntado, reconoce adecuadamente: «Solo Dios lo sabe». Este es el punto en el que algunos tienden a aplicar la puntuación equivocada. Piensan: «¡Estoy seguro de que Dios me curará!». Sin embargo, esa es una receta para los problemas espirituales. Por supuesto, aguardamos legítimamente el mundo libre de enfermedades que Cristo inaugurará a su regreso al final de los tiempos, así como los nuevos cuerpos que nos corresponderán en ese mundo. ¡Eso es seguro! Sin embargo, cuando se trata de nuestra curación física presente, aquí en este mundo, Dios no ha hecho semejante promesa.

Algunos afirman que la Biblia sí respalda la puntuación exclamativa de la curación. Creen que la Palabra de Dios proporciona la promesa de una restauración física a quienes confían en Dios con la fe suficiente. Después de todo, ¿acaso no es eso lo que dice el Salmo 103?

> «Bendice, alma mía, a Jehová, y no olvides ninguno de sus beneficios. Él es quien perdona todas tus iniquidades, el que sana todas tus dolencias...» (Salmo 103:2-3).

¿Y acaso no dice eso Santiago?

> «¿Está alguno enfermo entre vosotros? Llame a los ancianos de la iglesia, y oren por él, ungiéndole con aceite en el nombre del Señor. Y la oración de fe salvará al enfermo, y el Señor lo levantará; y si hubiere cometido pecados, le serán perdonados. Confesaos vuestras ofensas unos a otros, y orad

unos por otros, para que seáis sanados. La oración eficaz del justo puede mucho» (Santiago 5:14-16).

¿Y no lo promete Jesús mismo?

«Y todo lo que pidiereis al Padre en mi nombre, lo haré, para que el Padre sea glorificado en el Hijo. Si algo pidiereis en mi nombre, yo lo haré» (Juan 14:13-14).

Esos pasajes parecen bastante claros en lo tocante a la cuestión de la curación física y la oración respondida. ¿Cómo interpretamos un lenguaje semejante?

En primer lugar, debemos advertir el hecho obstinado, observable en la experiencia humana, de que Dios no cura todas las enfermedades de su pueblo, ni siquiera todas las enfermedades de aquellos que son fuertes en la fe. Ni cura todas las enfermedades de quienes creen firmemente que ha prometido hacerlo. Eso es una realidad innegable.

En segundo lugar, debemos examinar con mayor detenimiento los tres pasajes bíblicos que se acaban de citar. Las observaciones de David en los versículos introductorios del Salmo 103 se resisten a ser interpretados como promesas absolutas. Sí, Dios perdona, cura, enaltece, corona, satisface y renueva. Sin embargo, sabemos —y David lo sabía bien igualmente— que Dios hace esas cosas en su momento y a su manera. No obra de idéntica forma en distintas vidas humanas, ni siquiera en la vida de una misma persona de una época a otra. Podemos estar seguros de que todo enaltecimiento, satisfacción y renovación proceden de Dios, pero hay épocas en que Dios no enaltece, satisface y renueva, y lo mismo cabe decir de la curación. El creyente lee el Salmo 103 (tal como debe leer toda la Escritura) con un ojo puesto en el Cielo, puesto que las bendiciones que disfrutamos en esta vida no son sino un anticipo de la salud y la curación venideras.

Lo mismo cabe decir de Santiago 5. Leamos el libro de Santiago de principio a fin y advertiremos el gran número de ocasiones en que generaliza sin matizaciones —en ocasiones, de forma casi cruda—, aun cuando el autor y el lector sepan que es preciso poner esas matizaciones y explicaciones mentalmente. Por ejemplo, consideremos el lenguaje sin matizaciones de Santiago acerca de los ricos (5:1-6) en paralelo a la enseñanza de la Biblia de que hay algunos ricos fieles (1 Timoteo 6:17-19). Observemos el lenguaje sin matizaciones de Santiago (similar al de Jesús, por cierto) en lo concerniente a lo inapropiado del juramento (2 Corintios 1:23). No hace falta que Santiago lo explicite, pero en lo referente a la oración por los enfermos, sabe tan bien como nosotros que la oración conduce a la curación física cuando eso forma parte del plan de Dios para la persona en cuestión. Y solo entonces. Consideremos a Timoteo y sus «frecuentes enfermedades» (1 Timoteo 5:23). Con independencia del alivio que Timoteo disfrutara de cuando en cuando, a Dios le complació permitir que siguiera padeciendo su dolencia crónica.

Por último, advirtamos que Santiago cita el ejemplo del profeta Elías en los versículos inmediatamente posteriores a su tratamiento de la curación y la oración. Tal como Señala Santiago, Elías oró por la lluvia tras años de sequía, y la lluvia cayó en abundancia. Sin embargo, ¿cuántos granjeros fieles a lo largo de los tiempos han pedido a Dios lo mismo sin que al final lloviera? Santiago no da garantía alguna cuando se trata de la curación del cuerpo y la lluvia sobre los campos.

Sin embargo, ¿qué sucede con la promesa de Jesús que aparece en Juan 14: «Si algo pidiereis en mi nombre, yo lo haré»? Sí, el lenguaje de nuestro Señor es de gran alcance, pero no debemos interpretarlo a la ligera. Tal como todos los cristianos suelen reconocer, orar en el nombre «de Jesús» no significa añadir esas dos palabras como un apósito al final de cada oración a modo de fórmula mágica para que Dios haga lo que queremos. En lugar de eso, significa orar al Padre como quienes han pasado a formar parte de la causa de Jesús (que es la gloria del Padre, *cf.* v. 13: «Para que el Padre sea glorificado en el Hijo») y, de tal forma, desean que esa causa prospere por encima de todo. ¿Pero cómo es orar de semejante manera? Jesús mismo nos lo muestra. Consideremos el ejemplo de su oración en el huerto de Getsemaní. Expuso sus deseos ante el trono de su Padre: «Padre, si quieres, pasa de mí esta copa», pero luego hizo esta petición: «Pero no se haga mi voluntad, sino la tuya» (Lucas 22:42).

Así es como oró el Señor y, ciertamente, sus siervos habrán de seguir sus pasos. Nuestra afirmación de orar en el nombre de Jesús queda vaciada de sentido si consideramos que estamos por encima del «pero» de Jesús. Cuando el cristiano ora de forma adecuada, lo hace con idéntica disposición: busca la gloria del Padre en el cumplimiento de la voluntad del Padre, y está dispuesto a someter todas las demás peticiones a esa. El deseo de los cristianos de la gloria de Dios (ya se explicite o no en una oración determinada) subyace en todas sus peticiones, y al final ese deseo quedará satisfecho. Es ahí donde tenemos la certidumbre, no en la garantía de que se concederá todo lo que un cristiano le pida a Dios, sin excepciones ni matices; y eso incluye la curación física.

¡Y debiéramos estar agradecidos por que la Biblia no proporcione semejante garantía! Después de todo, si fuera cierto que el cristiano puede obtener todo lo que pida, desplazaría a Dios como el director soberano de las cuestiones humanas. Allá donde la Biblia dice «Jehová reina», tendríamos que borrar la palabra «Jehová» y sustituirla por las siguientes: «Inserte su nombre aquí». Sin embargo, en tal caso no habría motivos para decir: «Regocíjese la tierra» (Salmo 97:1). Considera las limitaciones de tu propia perspectiva como una criatura pequeña en un universo inmenso y complejo. Estima luego la confusión y la necedad que suelen nublar tu mente a causa del pecado. ¿De verdad piensas que sería positivo que estuvieras a cargo del mundo con tus oraciones? ¿No recuerdas las peticiones que presentaste ante el Padre en tiempos pasado y que, en retrospectiva, agradeces que no se te concedieran, puesto que habrían sido maldiciones en lugar de bendiciones, necias en lugar de sabias? Con perdón de Groucho Marx («no quisiera formar parte de ningún club que me aceptara como miembro»), diría que no desearía vivir en un universo que me tuviera a mí —o cualquier otra criatura/pecador para el caso— como su soberano.

Y no solo eso, solo puede haber un soberano universal, pero este concepto absoluto de oración de «todo vale, se puede recibir cualquier cosa» pone a cada persona que ora al mando. Todo el que ora en el nombre de Jesús se eleva así al trono del universo, y posee la facultad de determinar lo que sucederá a continuación. ¡Y eso nos lleva a un trono tremendamente masificado! No, esta no puede ser la enseñanza de la Biblia con respecto a la oración en general y la curación en particular.

Leamos la Biblia de principio a fin. La promesa de que Dios curará con toda certidumbre al enfermo mientras tenga la fe suficiente simplemente brilla por su ausencia. Y no solo es que la Biblia no nos ofrezca esa promesa, sino que nuestra experiencia en este mundo maldito desmiente cualquier afirmación de que lo haga. Y, sin embargo, por desgracia, son muchos los que siguen puntuando la perspectiva de la curación en esta vida con un signo de exclamación, como si Dios lo hubiera garantizado.

LA SUFICIENCIA DE LA ESCRITURA

El cristiano que sufre una enfermedad grave se enfrenta a diversas presiones para que crea que Dios ha garantizado su curación. A veces, la presión procede de personas bienintencionadas, una realidad que me quedó de manifiesto algunos instantes después de haber recibido mi diagnóstico. Aquel día, en el centro de IRM había varios miembros del equipo médico que se estaban ocupando de mi caso. Cuando la IRM hubo concluido y recibimos el lúgubre informe del radiólogo, una de las asistentes médicas se nos acercó y nos dijo que el Señor le había hablado directamente y le había dado la garantía específica de que yo habría de curarme.

Ahora bien, no me cabe la menor duda de que aquella era una verdadera hermana en Cristo, y que su deseo de consolarme era bienintencionado. Sin embargo, tengamos esto claro: lo que dijo fue precisamente lo peor que nadie podía haber dicho a mi familia en aquel momento. Sus palabras no ofrecieron la menor certidumbre, ni el menor consuelo.

Permítaseme explicar por qué.

En primer lugar, a pesar de su afirmación de que las palabras que había oído iban destinadas a mí y a mi consuelo, no había forma de saber si el Señor le había hablado. Solo esta consideración bastaba ya para mostrar que, por desgracia, estaba confundida con respecto a las impresiones que hubiera podido tener. Después de todo, ¿cabe siquiera imaginar a nuestro amante Padre celestial tratando de esa forma a sus hijos? ¿Me ofrecería palabras de consuelo sin darme algún respaldo para creer en ellas? Lejos de ser un consuelo, eso sería un acto de crueldad.

Recordemos Proverbios 27:1: «No te jactes del día de mañana; porque no sabes qué dará de sí el día». Debido a que no contaba con prueba alguna de que el Señor hubiera dicho tales palabras, jactarse de tal forma era lo que habría hecho si hubiera andado tranquilizando a otros —y a mí mismo— de que vencería el cáncer. A efectos prácticos, habría dicho: «*Sé* lo que darán de sí mis días... aun cuando no puedo saber si el Señor me ha proporcionado alguna revelación acerca de ellos».

En segundo lugar, de haberme sido revelada semejante verdad, habría sido una información del todo inútil, dicho con franqueza. Nos dijo que me curaría. De acuerdo, pero curado ¿durante cuánto tiempo? ¿Cinco años? ¿Cinco meses? ¿Cinco días? ¿Un día? ¿Me curaría un martes solo para que me atropellara un autobús al día siguiente? En otras palabras, me habría quedado sin saber casi nada más acerca de mi futuro que antes de que me hablara. Sus palabras, más que clarificar, eran motivo de confusión. ¡Al menos al rey Ezequías se le dijo quince años (2 Reyes 20:6)!

Fue uno de esos momentos (y ha habido otros desde entonces) en los que se me recordó la tremenda importancia de creer en la suficiencia de la Escritura: la verdad de que las Escrituras bastan para guiarnos, de modo que no necesitamos susurros divinos personalizados para que se nos diga lo que debemos hacer hoy o aguardar mañana. Esa es una verdad con profundas implicaciones prácticas, y negarla suele ser motivo de confusión y angustia. Cuando los cristianos empiezan a buscar susurros de Dios que trascienden la Biblia, y luego creen haberlos escuchado, ya tienen los ingredientes para una decepción y un desánimo profundos. ¡Cuán a menudo se estrellan estas «promesas» contra las duras rocas de la realidad!

«Pero, un momento —me dirás—, al final ella llevaba razón; fuiste curado». Sí, fui curado; pero no, ella no estaba en lo cierto. Si hubiera hecho una predicción hipotética basándose en lo que se sabía de mi caso, de que mis tratamientos serían eficaces, sí, entonces podríamos echar la vista atrás y decir que su optimismo quedó reivindicado. Sin embargo, fue mucho más allá de una simple predicción hipotética. En un momento de verdadero temor para mi familia y para mí, me entregó una promesa sin que yo tuviera razones sólidas para aceptarla y afirmó que esa promesa venía directamente de Dios. No había nada de bueno en eso.

¿DÓNDE ESTÁ LA LUZ?

Imagino que a estas alturas algunos lectores estarán pensando: «Vaya, resulta que este es un libro deprimente. Empecé a leerlo con la esperanza de que el autor me diera ánimos para enfrentarme a las pruebas y, en lugar de eso, me está machacando con todas las cosas que Dios no ha prometido. Este libro tendría que haberse titulado *Lecciones oscuras, pesimistas y fatalistas aprendidas a lo largo de la senda oscura del cáncer*. No veo la luz por ninguna parte».

Debo señalar varias cosas a modo de respuesta.

En primer lugar, no cabe duda alguna de que hay espacio para el optimismo ante las pruebas. El pensamiento positivo tiene verdadera fuerza. Y no solo eso, en ocasiones las «probabilidades juegan a nuestro favor». A veces, los resultados de las pruebas son prometedores. Y, cuando lo son, debemos reconocerlo y dar gracias a Dios por ello. Debemos tener la mirada puesta en el futuro a toda costa. A menudo, a Dios le complace sanar a los enfermos, junto con otras bendiciones terrenales y, gracias a su providencia, hemos avanzado extraordinariamente en la tecnología médica y los conocimientos que permiten obtener la curación. Sería una demostración de ingratitud por nuestra parte pasar por alto esos hechos.

En segundo lugar, quien está enfermo se halla en su derecho de buscar la curación, y aun de hacerlo con empeño. El hecho de que la curación sea incierta no implica que no debamos buscarla con todas nuestras fuerzas. Esto dista mucho del fatalismo. Pelea la batalla a toda costa, tal como hicimos Christy y yo. Libra esa batalla en los múltiples frentes de la investigación, el tratamiento, las pruebas y la oración.

Sin embargo, aunque el optimismo tenga su lugar, debemos recordar que las probabilidades favorables o los porcentajes alentadores no son lo mismo que la certidumbre del evangelio, y no debemos atrevernos a confundir ambas cosas. No nos atrevamos a confundir «seguramente» con «posiblemente». No nos atrevamos a difuminar la línea que separa el «¡aleluya!» del «¿quién sabe?». En Hebreos nuestra esperanza se describe como «segura y firme ancla del alma» (Hebreos 6:19), y eso no se puede decir de las probabilidades favorables, ni siquiera de las mejores. Muchos han aprendido por las malas que un diagnóstico prometedor hoy puede volverse negativo mañana.

Y, aunque es apropiado luchar por la supervivencia física, debemos reconocer que no podemos estar completamente seguros de ganar esa batalla. Consideremos una analogía de la obra del ministerio evangélico. Pablo insta a Timoteo a ser paciente con los detractores de la verdad, con la idea de que «si quizá Dios les conceda que se arrepientan para conocer la verdad» (2 Timoteo 2:25). Advirtamos el «si quizá». Una vez oí un sermón acerca de ese texto bajo el título de «Lo que el ministro *debe* hacer; lo que Dios *puede* hacer». Podemos expresarlo de forma similar en términos del acto de enfrentarse a la enfermedad física: «Lo que el paciente y sus doctores, enfermeras y familiares *deben* hacer; lo que Dios *puede* hacer». Tal vez Dios obre la curación como resultado de nuestra paciente espera.

La respuesta más importante a la acusación de que este libro se ha convertido en un manifiesto pesimista concierne a la relación entre las falsas esperanzas y las verdaderas. En resumen, las falsas esperanzas *distraen*. La Biblia nos presenta todas esas gloriosas promesas del evangelio —promesas celestiales—, pero nuestros corazones se alejan indefectiblemente de ellas en la medida en que nos permitimos confiar en los resultados terrenales. Sacar a la luz nuestras expectativas erróneas no es pesimismo. Por el contrario, es el primer paso en la dirección del auténtico optimismo bíblico. Las falsas esperanzas generan una gran cantidad de detritus espiritual que se interpone en nuestra visión de lo que Dios ha prometido realmente, y debemos deshacernos de esa suciedad.

Podemos encontrar una analogía en la famosa observación que hace C.S. Lewis acerca del placer en su sermón *The Weight of Glory* (El peso de la gloria), donde comenta:

> Ciertamente, si consideramos las explícitas promesas de recompensa y la asombrosa naturaleza de estas tal como se nos presentan en los Evangelios, cabría pensar que nuestro Señor estima que nuestros deseos no son demasiado fuertes, sino todo lo contrario. Somos criaturas faltas de entusiasmo que juegan con la bebida, el sexo y la ambición cuando se nos está ofreciendo un gozo infinito, tal como un niño que se dedica a jugar con el barro entre las chabolas porque es incapaz de ima-

ginar lo que significa el ofrecimiento de unas vacaciones en el mar. Se nos complace demasiado fácilmente[1].

¡Y aquí cabría añadir que nuestro optimismo es demasiado mediocre! Nos falta entusiasmo en nuestra forma de afrontar el futuro, al permitirnos el lujo de quedar tan absortos en la perspectiva de la curación terrenal que prácticamente perdemos de vista la gloria celestial. En ocasiones, un enfermo de cáncer que presupone su curación necesita que un ser querido le diga: «Cuidado, puede que no sea así». Y, cuando se necesitan tales palabras, son palabras de amor. Decirlas (con delicadeza, naturalmente) no implica afirmar que su optimismo sea demasiado fuerte, sino que peca de debilidad. Es decirle que ha bajado demasiado el listón e instarle a que lo ponga mucho más alto. Dios no nos ha prometido una vida longeva, pero *sí* ha prometido que utilizará hasta la muerte misma para llevar a los creyentes al Cielo. La lección para el cristiano es la siguiente: deja de presuponer que vas a sobrevivir a esta enfermedad, como si Dios lo hubiera garantizado, y empieza a regocijarte en la idea de lo que te espera aun en el caso de que *no* sobrevivas. ¡Deposita tus esperanzas allí, en el Cielo, donde están Cristo y tu ciudadanía!

Aquí es donde el enfermo de cáncer debe clavar su estandarte: en las promesas verdaderas de la Palabra de Dios. En el momento en que uno descubre que tiene cáncer solo hay una cosa lo suficientemente fuerte para sostenerlo. No es el amor de la esposa o el apoyo de la congregación. No son las probabilidades de curarse, aun cuando estas sean elevadas. La única realidad que puede sostenerle sólida y genuinamente en esos momentos es la esperanza de ser hallado en Jesucristo, aquel que entregó su vida por su pueblo y que luego aplastó la muerte como el primero en la resurrección de Dios.

Dios dijo a los exiliados de Judá en tiempos de Jeremías: «Porque yo sé los pensamientos que tengo acerca de vosotros, dice Jehová, pensamientos de paz, y no de mal, para daros el fin que esperáis» (Jeremías 29:11), y viene a decir eso a todo creyente. Puede que el futuro que tenga previsto para mí no sea la supervivencia a esta u otra enfermedad, pero implica algo mejor con toda certidumbre: ¡la vida eterna! El mío es un horizonte celestial.

Dios curó mi cáncer. Sin embargo, no me dio promesa alguna de que lo haría. Las promesas que me ha hecho trascienden mi suerte en esta vida y fijan mi atención en la vida venidera. Por eso siempre he intentado hablar de mi experiencia en términos que eviten dar a entender que la fidelidad de Dios me quedó de manifiesto en el hecho de que me curara. Hablar de «fidelidad» implica que se han cumplido las promesas. Sí, fue fiel conmigo. Y, sí, me curó. Sin embargo, esas dos realidades no fueron de la mano. Permítaseme expresarlo con llaneza: de haber muerto de cáncer a los veintiocho años, dejando a Christy viuda en su primer aniversario de boda, Dios habría seguido siendo el que era, el que es y el que siempre será: el perpetuamente fiel. Mi curación no fue una promesa cumplida, sino simplemente un don que Dios se complació en darme (aunque no sea un don que se complazca en dar en todos los casos).

¿TRAICIONÓ DIOS A LINDA?

Esta verdad se vuelve especialmente importante —y majestuosa— cuando recordamos a los seres queridos que partieron con Cristo y cuyas batallas con la enfermedad culminaron en la muerte. Este libro está dedicado a la memoria de Linda Davis Olson. Linda era la madre de mi esposa Christy, y murió el 20 de abril de 2007 tras una valiente lucha contra el cáncer que duró cerca de dos años. Cualquier que la conociera sabía que Linda tenía una fe fuerte en Jesucristo. Aquí tenemos, pues, la pregunta: ¿traicionó Dios a Linda? ¿Al final de todo no había dispuesto un futuro para ella? Dios no curó a Linda. ¿Debemos deducir, pues, que la abandonó?

¡No, no y mil veces no! Dios fue completamente fiel para con ella. Tuvo presentes todas y cada una de las promesas que le había hecho. Cantamos «oh, tu fidelidad» junto a su lecho de muerte en su hogar, y luego lo cantamos de nuevo en su culto memorial tras su partida. Y era el himno perfecto para la ocasión.

Después de todo, ¿qué le había prometido Dios? ¿Curarla de su cáncer? No, sino algo mucho mejor. Le había prometido estar a su lado como un Padre celestial amante en medio de sus mayores temores, y luego utilizar la muerte para llevarla hasta su hogar eterno. Eso es lo que había prometido, y eso es lo que hizo exactamente. ¡Su Dios fue fiel! ¡Todo se cumplió! Mientras escribo estas líneas y tú las lees, ella está en la gloria, bañándose en la bendición del Cielo, alabando a Dios por su fidelidad más fervientemente de lo que jamás hizo en este mundo. A veces me cuesta confesar: «Lo que Dios hace bien hecho está». Sin embargo, a Linda esa verdad no le ocasiona ya dificultad alguna.

EL RESUMEN DE LA CUESTIÓN

El resumen de la cuestión es el siguiente: confiemos en la Palabra escrita de Dios; ni más ni menos que eso.

Ni más. Eso significa que no debemos poner promesas en boca de Dios. No empecemos añadir garantías a la Biblia que su autor no incluyó en ella. Admitamos los interrogantes que acompañan a la vida y no intentemos eliminarlos.

Ni menos. Eso significa que no tenemos que vivir en la negación práctica de las cosas gloriosas que nuestro Padre ha prometido hacer por sus hijos. Maravillémonos ante los signos de exclamación del evangelio y permitamos que tomen arraigo en las profundidades de nuestros corazones.

[1] C.S. Lewis, «The Weight of Glory», en *The Weight of Glory and Other Addresses*. (Macmillan, Nueva York, 1980), pp. 3-4.

Segunda parte: Resistencia

CAPÍTULO 4

Segundo acto: el tratamiento

Al final del primer acto de nuestra historia llegamos al ominoso momento del día infausto en que el radiólogo contó lo que indicaba la IRM. El resto de aquella jornada fue una neblina grisácea y pavorosa. Llegaron más pruebas: un TAC, un sonograma, una biopsia por punción. *Otra* biopsia por punción. (Si a la primera no consigues suficiente tejido de muestra, prueba suerte de nuevo). Y luego la espera de los resultados. A continuación, recibimos los resultados del laboratorio. Y luego, al final de aquel largo día, salimos del centro de radiología y cruzamos la calle K para solicitar el ingreso en el Washington University Hospital. Había que iniciar el tratamiento lo antes posible.

Alguien señaló que me habían conducido a través de la misma entrada de urgencias por la que llevaron a toda prisa al presidente Ronald Reagan después de que fuera herido de bala en 1981. No estábamos de humor para un juego de trivial presidencial. Menudo momento Washington.

UN LINFOMA NO HODGKIN

A estas alturas, quizá unas breves palabras acerca del linfoma no Hodgkin sean de ayuda. Cualquier tipo de cáncer se reduce a un comportamiento maligno de las células: se reproducen sin control, se niegan a morir cuando se les supone, e invaden y llevan al colapso a los órganos vitales. El linfoma es un tipo de cáncer en el que las células malignas corresponden al sistema linfático del cuerpo, una red de vasos y tejido que constituye una parte sustancial del sistema inmune. Debido a que esa red recorre el cuerpo entero, el linfoma puede manifestarse prácticamente en cualquier parte, y extenderse también de la misma forma. Se han identificado cerca de treinta variaciones, incluyendo una subfamilia de la enfermedad diagnosticada por vez primera en el siglo XIX por un hombre llamado Thomas Hodgkin (de ahí la distinción entre la enfermedad de Hodgkin y el linfoma no Hodgkin). No deja de ser irónico que un sistema orgánico cuya finalidad es combatir las enfermedades se convierta en el foco de una dolencia potencialmente letal.

Desde el principio, descubrimos que contraer un cáncer implica aprender cosas acerca del cuerpo propio que uno desconocía hasta entonces y que nunca había necesitado conocer. En mi caso, la curva de aprendizaje resultó especialmente pronunciada. Si alguien me hubiera preguntado en marzo de 1999 lo que sabía acerca del linfoma no Hodgkin, bien podría haber aventurado que se trataba de un tipo de cáncer investigado por vez primera por un tal No Hodgkin.

CIRUGÍA

Aun antes de que me trasladaran a la sala de urgencias de aquel hospital, ya se estaba preparando un equipo de doctores para encargarse de mi cuidado. Debido a la ubicación concreta de mi tumor, necesitaba un equipo nutrido (con los tumores sucede como con el mantra de las propiedades inmobiliarias: ubicación, ubicación y ubicación). En primer lugar, necesitaba un cirujano ortopédico, puesto que la operación para extirpar el tumor tocaría los huesos de mi columna vertebral. En segundo lugar, sería preciso contar con un neurocirujano, ya que el tumor colindaba justo con mi médula espinal (ya se sabe, el manojo de nervios que recorre la columna vertebral). Y, en tercer lugar, y como todo paciente de cáncer, precisaría un oncólogo. Por suerte, el equipo de doctores que se formó aquel día resultó jugar en la «primera liga» de Washington. Llegamos a enterarnos de que el doctor que habría de ser mi neurocirujano era el mismo que había operado a James Brady, el jefe de la oficina de prensa del presidente Reagan, después de que resultara herido en el mismo conato de magnicidio.

En un primer momento, hubo cierto debate en lo tocante a la estrategia que se debía seguir con mi caso. ¿Debían operar primero y luego optar por procedimientos como la quimioterapia y la radioterapia? ¿O bien debían partir de la radioterapia para reducir el tamaño del tumor y luego operarlo en una segunda fase? Tras algunas idas y venidas de los miembros del equipo, se tomó la decisión de operar primero. Echando la vista atrás, esa resultó ser una sabia decisión. Más adelante, nuestro neurocirujano nos informaría de que, de no haberme operado con la presteza con que lo hicieron, posiblemente habría sufrido una parálisis permanente. Mi tumor estaba ejerciendo tanta presión sobre los nervios de mi médula espinal, y ya les había afectado tanto, que podía haber cruzado un punto de no retorno si no me hubieran operado rápidamente para extirparlo.

La intervención tuvo lugar a primera hora del sábado 24 de abril. No recuerdo mucho de aquel día, principalmente porque lo pasé en ese lugar feliz y dichoso al que a veces conducen los anestésicos. De hecho, es posible que, gracias a esa inconsciencia narcótica, aquel día yo fuera el miembro más feliz de nuestra familia.

Sin embargo, el recuerdo de aquel día no ha quedado completamente borrado. Recuerdo los amigos y familiares que vinieron a visitarme en cuanto supieron la noticia. Recuerdo haber hecho, y recibido, algunas llamadas telefónicas a pesar de no ser muy consciente de lo que oía o decía. Y, por encima de todo, lo que más recuerdo es el hipo que sufrí mientras me recuperaba tumbado en la sala del posoperatorio. Sufrir hipo unas pocas horas después de haber sido intervenido quirúrgicamente en la espalda no es muy recomendable. Ese sí que *no* fue un lugar muy feliz.

OCHO LARGOS DÍAS

Al final pase más de una semana en el hospital. No me dieron el alta hasta el viernes 30 de abril. Esos ochos días no se asemejaron en nada a cualquier cosa que jamás hubiera experimentado. Con anterioridad a esa semana, mi relación con los hospitales había sido bastante limitada. Bien, parecía que esta iba a ser la oportunidad de ponerme al día, y de la manera más salvaje posible.

Cada día que pasé allí era una procesión de pruebas, visitas de médicos, visitas de enfermeros y, por desgracia, de menús hospitalarios. Además, debido a que el George Washington es un «hospital escuela», cuando un doctor visitaba mi habitación solía encabezar una comitiva de estudiantes. ¡Había pasado de ser un estudiante a convertirme en objeto de estudio!

También hubo otros visitantes, tantos de hecho que empezamos a hacer una lista. Me resulta extraordinario revisarla, tantos años después, y ver todo los nombres que hay en ella. Y el teléfono no paraba de sonar. Y las tarjetas llegaban una tras otra. Christy y yo nos sentimos llevados en volandas por muchas personas que nos querían.

Quizá uno de las mayores muestras de afecto que recibí en el hospital fue la del amigo que me trajo unas excelentes cervezas de importación. Como cabría esperar, las enfermeras no miraron con demasiados buenos ojos aquella demostración afectiva. Tendría que esperar algún tiempo para disfrutar del regalo, ya que debía someterme a una de esas estrictas dietas «libres de cerveza de importación» que algunos enfermos de cáncer deben soportar con paciencia.

LA QUIMIOTERAPIA

Durante aquella primera semana en el hospital también recibí mi primera sesión de quimioterapia.

La sola palabra —«quimioterapia»— es capaz de despertar toda clase de emociones, especialmente en aquellos a quienes les ha tocado pasar por ella. Y eso es porque casi todo el mundo sabe cuál es su finalidad y los efectos que puede tener. Hay por ahí una broma que dice: «El cáncer no es tan malo, lo que te mata es la medicina», y esa observación encierra algo de verdad. Sin embargo, a pesar de todos sus efectos secundarios, la quimioterapia suele tener el efecto primario de salvar vidas, y lo hizo con la mía. Doy gracias a Dios por esos productos químicos tóxicos.

La primera vez que uno recibe quimioterapia necesita someterse a una estrecha vigilancia, puesto que las reacciones del cuerpo son imprevisibles. Después de un tiempo, a medida que iba pasando el verano, la quimioterapia se convirtió extrañamente en una rutina. Sin embargo, la primera vez, todos contuvimos el aliento al ver cómo los fármacos recorrían la vía intravenosa hasta entrar en mi torrente sanguíneo. Por suerte, no tuvieron un efecto demasiado grave, y todo el proceso se completó en unas pocas horas.

A lo largo del verano me sometería a cinco sesiones más de esa modalidad de quimioterapia —la última de ellas en agosto—, todas ellas con los cuatro mismos fármacos que me administraron aquel día en el hospital. Espaciaron las sesiones de tal forma que mediaron tres semanas entre cada par. Los ciclos de quimioterapia: ese se convirtió en el extraño ritmo de los meses veraniegos.

La única interrupción de aquel ritmo se produjo en julio merced a una neumonía que contraje. Uno de los efectos secundarios de la quimioterapia es que debilita el sistema inmunológico del cuerpo y lo deja más expuesto a diversas enfermedades, incluida la neumonía. Nuestros doctores nos habían advertido de tal posibilidad por lo que, en lugar de sorprendernos por ella, nos asombró el hecho de que yo hubiera llegado hasta mediados de julio sin semejantes complicaciones. La neumonía significaba volver al hospital, lo que no era precisamente alentador, pero saber que iban a cuidarme veinticuatro horas al día también ofrecía cierto consuelo. Además, esta estancia hospitalaria duró menos de una semana.

Para ser exactos, fueron dos días en el hospital, uno tras otro. En un primer momento me dieron el alta el sábado, aunque esa misma noche advertí que no me encontraba tan bien como había pensado y que necesitaba volver a ingresar. Volvimos a la sala de urgencias apenas veinticuatro horas después de haber recibido el alta. Por maravillosa que fuera la atención que se nos dispensó allí, la sala de urgencias de un hospital no es la clase de sitio en la que a uno le gustaría que lo conociesen por su nombre. Es una realidad insoslayable: el cáncer supone una montaña rusa.

Dicho esto, aunque el lector puede estar seguro de que no soy partidario de la neumonía, acogí con cierto alivio la interrupción en la quimioterapia que me brindó. En lugar de las tres semanas entre sesiones hasta la fecha, esperamos cinco semanas enteras. Necesitábamos estar seguros de que mi cuerpo estaba preparado para esos fármacos de nuevo. Al final lo estuvo, y volvimos a retomar el ritmo.

Y hablando de quimioterapia...

MI NUEVA APARIENCIA

Un martes me quedé calvo.

Al menos, creo recordar que fue un martes, aunque quizá sucediera un miércoles. No lo recuerdo con exactitud. En cualquier caso, un día de mayo me desperté con pelo y a la hora de comer ya no lo tenía. Nos habían dicho que estuviéramos preparados para que sucediera cualquier día como efecto secundario de mi quimioterapia, por lo que no me tomó desprevenido.

La razón de mi súbita alopecia, en cuestión de horas, fue el hecho de que, al advertir la pérdida de mi primer mechón de pelo, decidí tomar cartas en el asunto e *infligirme* la calvicie yo mismo. Me tomé mi calvicie como una tarea que acometer. No iba a andar esperando a que sucediera lentamente, aquí y allá, durante varios días. Cuando vi aquellos primeros mechones en la palma de la mano, me puse manos a la obra. Pertrechado con una navaja, una toalla y un espejo, me encargué yo mismo de ello. Una vez que empecé, no me costó demasiado terminarlo.

A algunos hombres les queda bien la calva: Yul Brynner, Telly Savalas, Michael Jordan. Y luego estamos los demás. Los que llevamos sombreros. Al principio, al menos, llevé sombrero. Mis amigos me regalaron algunos espléndidos sombreros, así que estaba bien provisto. Sin embargo, pasado un tiempo, renuncié a cubrirme la cabeza. Puede que ese nuevo lado de mí —el lado superior— que estaba enseñando al mundo no fuera muy favorecedor, pero la vida sin pelo ni sombreros me pareció maravillosamente eficaz a efectos de mantenimiento. Y, cuando uno está enfermo de cáncer, minimizar el mantenimiento es toda una prioridad. Llevé la cabeza descubierta durante el resto del verano sin avergonzarme por ello.

Y hablando de efectos secundarios...

LOS ESTEROIDES

Tal como sucede con muchos enfermos de cáncer, mi régimen de quimioterapia conllevaba un cóctel de fármacos. El mío incluía cuatro de ellos agrupados habitualmente bajo el acrónimo de CHOP. La «P» de CHOP responde a Prednisona, un esteroide. Además, tomaba otro llamado Decadron. Estos no son los esteroides que generan musculatura (que es lo que suele venir a la cabeza cuando se oye ese término), sino fármacos antiinflamatorios que se utilizan habitualmente en las terapias contra el cáncer.

La parte negativa es que hasta estos fármacos pueden tener efectos secundarios perniciosos. Me vi afectado mental, física y emocionalmente; y, sin lugar a dudas, esos efectos fueron uno de los aspectos más difíciles de toda mi experiencia.

Lo más llamativo era la forma en que los esteroides me aceleraban la mente. Parecía como si cada minuto contuviera tres minutos de pensamientos, preguntas e ideas. Mi cerebro tenía el «turbo» puesto. Al principio pensé: «¡Vaya, esto es genial! ¡La cantidad de libros que voy a leer! ¡La cantidad de problemas bíblicos y teológicos que voy a resolver!». De pronto, era un seminarista dopado y lleno de expectativas. «¡Cuántas etapas voy a quemar de golpe!».

Ese entusiasmo mental me duró algunas semanas. Sí, leí algo. Memoricé algunos pasajes de la Escritura. Puse algunos pensamientos por escrito. Me sentí productivo. Temporalmente.

Sin embargo, tras aquellas primeras semanas, empecé a sentirme exhausto por causa de toda aquella aceleración mental. De forma creciente, empecé a alargar la mano más para alcanzar el control remoto que los libros, porque mi cabeza podía procesar poco más que las reposiciones de *M*A*S*H* y algún programa de antigüedades. Me empecé a cansar de que cada minuto pareciera tres, y me vi anhelando volver a mi velocidad normal. Llegó un punto en el que solo deseaba encontrar descanso mental y, delirantemente, era incapaz de ello. Parafraseando a Eclesiastés: hay un tiempo para la intensidad y hay un tiempo para la relajación. Sin embargo, mi mente parecía no apearse nunca de la intensidad.

Christy y yo nos acostábamos normalmente a eso de las 11 de la noche y, si yo conseguía dormir hasta las 3, lo consideraba un balance positivo. Había noches en que me despertaba más cerca de la 1, y ahí se acababa mi sueño. Eso significaba unas cinco horas a solas conmigo mismo hasta que Christy se despertaba, lo cual, teniendo en cuenta mi equivalencia de tres por uno, me parecían quince. Esas noches fueron *largas*. Las pasaba viendo la televisión, comiendo, leyendo, comiendo, escribiendo, comiendo, pensando, comiendo.

¿He mencionado la parte de comer?

Ese fue otro de los efectos secundarios de los esteroides: mi apetito se disparó. Empecé a sentirme más hambriento que en toda mi vida, con un hambre casi imposible de aplacar, como en una mala película de terror titulada *El seminarista que no podía parar de comer*. Me plantaba frente al frigorífico y examinaba la comida de las baldas preguntándome qué alimentos podían ser adecuados. Y la conclusión era: «¡*Todos* lo son!». Todas las viejas reglas con respecto a los alimentos apropiados para cada hora del día quedaron anuladas. Empezaba a comer a eso de las 3 de la mañana hasta parar, no ya porque me sintiera satisfecho —raramente era así—, sino porque consideraba que no era adecuado seguir comiendo.

Y, tal como se disparó mi apetito, lo hizo mi peso. Bueno, no es que se disparara exactamente. No rompía ninguna báscula. Sin embargo, no era un tipo con mucha masa corporal de partida y, cuando un tipo así engorda unos kilos, se nota bastante. Uno de mis doctores lo describió como un efecto secundario de la quimioterapia conocido como «obesidad troncal». Yo le puse otros nombres. Si a eso le añadimos los aparatosos aparejos que tuve que colocarme a la espalda hacia el final del verano, cabe decir que al final crucé la línea de la «monstruosidad troncal». No me sorprende que apenas pueda reconocerme cuando contemplo las viejas fotos de aquel verano. Imagino lo mucho que debieron de asustarse los niños del barrio. «¡Mamá, mamá, ahí viene ese extraño grandullón calvo con un bastón y mirada de loco!».

Como colofón —y Christy podría decir más al respecto que yo—, era propenso a los altibajos emocionales. Cuando alguien está mental y emocionalmente sacudido como yo, podemos aventurar que las personas cercanas serán quienes paguen las consecuencias. Y Christy lo hizo. Una cosa es ver a tu esposo someterse a un tratamiento oncológico. Otra muy distinta es tener que asistir a él y, al mismo tiempo, preguntarse quién será tu marido de un día para otro, y aun de una hora a otra. Podía ser delicado o irritable, exasperarme ante cosas secundarias y pasar por alto otras importantes. Podía ponerme lloroso por cosas ridículas y era capaz de atravesar todos esos estados en cuestión de quince minutos.

Ahí está, pues. Apetito insaciable, engordamiento, cambios de humor. Y, además, epidurales. No me faltaba de nada. Bromeábamos diciendo que sería uno de los pocos ministros que pudieran decir a las mujeres embarazadas de la congregación: «Sé lo que han sufrido, yo he pasado por ello». Por supuesto, ahora que Christy ha dado a luz a tres hijos —incluyendo mellizos— ya no hago esa broma tan a menudo. En realidad, no he pasado por ello.

Y hablando de efectos secundarios que cambian la vida...

CUESTIONES DE GUSTO

Cuando uno recibe tratamiento por una enfermedad mortal, enfrentándose a la realidad de la mortalidad propia, preguntándose cuántos días le quedan, puede parecer casi inapropiado molestarse por el hecho de que la comida ya no sepa bien. Pero no lo hacía (saber bien, quiero decir). Y yo lo estaba (molesto).

Lo advertí en primera instancia durante esa primera semana en el hospital en abril, pero quedó plenamente de manifiesto cuando recibí el alta. Naturalmente, consideramos que aquello era motivo de celebración. Y, de forma igualmente natural (al menos desde mi privilegiada perspectiva), la celebración equivalía a pedir una pizza al llegar a casa. Vamos a ver, soy un fanático de la pizza. Y después de una semana en el hospital (comiendo comida de hospital), estaba especialmente deseoso de pedir una pizza cuando llegáramos a casa. Y eso es lo que hicimos. Y luego esperamos a que llegara la pizza. Y entonces la pizza llegó. Y por fin tomé el primer bocado.

No sé muy bien cómo describirlo, salvo diciendo que se parece mucho a la descripción que ofrecen esos folletos de «La quimio y tú» que dan en los hospitales, y que contienen advertencias como esta: «Entre los efectos secundarios de la quimioterapia quizá adviertas que los alimentos adquieren un leve regusto metálico».

Genial: pizza metálica. Como si el linfoma no fuera suficiente.

Y no solo era la pizza, sino todo. O casi todo. Conseguí encontrar algunos alimentos que parecían carecer de aquel extraño sabor. De hecho, eso se convirtió en una especie de cruzada estival: «En busca de los alimentos que saben como se supone que deben saber». El primer hallazgo fue, increíblemente, la cerveza de raíz baja en calorías (era, lo reconozco, una cruzada desesperada). Y luego estaba el queso fundido con jalapeños. Y el arroz con leche. Puedo decir que comí mucho arroz con leche.

Parece extraño obsesionarse tanto con cosas como la comida cuando, en realidad, uno está luchando por sobrevivir, pero, si se reflexiona al respecto, ¿es tan extraño, al fin y al cabo? Dios nos creó de tal forma que nuestras vidas están constituidas por infinidad de cosas pequeñas, y nuestra sensación de bienestar está muy influida por nuestro estado en estas cuestiones mundanas. Eso no es más que consustancial al ser humano. Y, cuando a eso se le añade ser un humano con cáncer, uno experimenta un intenso deseo de fijarse en otra cosa, cualquier cosa que no sea la «quimio», los TAC y la losa constante de la incertidumbre. La comida se convierte en algo normal en lo que pensar.

PRUEBAS Y MÁS PRUEBAS

Pero uno solo puede dejar de pensar en su enfermedad hasta cierto punto. Al final, esta siempre encuentra la forma de llamar la atención de nuevo. Por ejemplo, cada vez que hay que volver para someterse a la enésima prueba médica.

Si el lector ha padecido cáncer, o lo ha sufrido en las carnes de alguien cercano, sabrá que uno de los aspectos más agotadores en términos emocionales de toda la experiencia es la espiral aparentemente interminable de pruebas y resultados. Cada una de esas pruebas está concebida de forma específica para determinar lo que está sucediendo en el organismo y así, en cada ocasión, uno debe prepararse para el diagnóstico que recibirá. Puede que las noticias sean buenas; o quizá neutras; o tal vez sean pésimas.

La lista parece sacada de un concurso televisivo («por 200 €, acrónimos médicos»). IRM: Imagen por Resonancia Magnética. TAC: Tomografía Axial Computarizada. TEP: Tomografía por Emisión de Positrones. MUGA: Adquisición con control de puerta múltiple (ese es un escaneado cardíaco). Además, están las pruebas de densidad ósea y las de médula ósea. Hay pruebas que requieren la introducción previa de sustancias en el organismo (como el galio, una sustancia radiactiva), y luego hay pruebas que requieren el vaciado previo del cuerpo. Y, a fin de prepararse para muchas de esas pruebas, hay que beber cosas. Cosas horribles. Cosas que uno no pediría en un restaurante. Intentan que sean más apetitosas por medio de aditivos como el sabor artificial a plátano, pero hay prodigios que ni siquiera la ciencia moderna puede lograr.

Sin embargo, con estas pruebas sucede lo mismo que con la quimioterapia: doy gracias a Dios por ellas. Doy gracias a Dios por que en nuestra época tengamos la tecnología —una tecnología verdaderamente maravillosa— que nos permita ver tan claramente lo que está sucediendo en el cuerpo para tratar la enfermedad más eficazmente. También nos sentimos agradecidos por que la primera serie de pruebas a las que me sometieron en el hospital en abril reveló que el linfoma no se había propagado más allá de una sola una ubicación próxima a la columna vertebral. Nos enfrentábamos, pues, a un cáncer relativamente localizado. Eso eran buenas noticias.

LOS DAÑOS NERVIOSOS

Sin embargo, nos enfrentábamos a un tumor localizado en una zona sumamente delicada. Eso eran malas noticias. Y eso fue también, de forma creciente, motivo de mi frustración a lo largo de la primavera, luego del verano y después del otoño.

Aunque sabía que había un cáncer en mi cuerpo, una enfermedad que me mataría si no lográbamos acabar con ella con esa batería de tratamientos, puede que desde el principio estuviera más preocupado aún por la cuestión de la recuperación de la movilidad. Durante meses, el tumor creciente había ido presionando la médula espinal y causando daños neurológicos. Por eso, para cuando me ingresaron con el propósito de operarme aquel sábado de abril, apenas podía andar. Y, prácticamente desde el primer momento en que desperté de la operación, quería que algún doctor me dijera, y que fuera con exactitud, cuándo volvería a jugar al tenis. Eso casi ocupaba el primer plano de mis pensamientos. «¿Curarme? ¿Sobrevivir? Sí, claro, quiero sobrevivir. Pero, doctor, no nos andemos con rodeos: ¿el superviviente podrá correr?».

Abandoné el hospital en abril con un bastón y con unas expectativas poco realistas acerca del tiempo que tendría que utilizarlo. A pesar de las cautas estimaciones de mis doctores, se me había metido en la cabeza que la cirugía me tendría en pie y en marcha en muy poco tiempo, e igual que antes. Sin embargo, a medida que pasaban los días, y luego las semanas, y luego los meses, me quedó claro que, si mis nervios habían de recuperarse, se tomarían todo el tiempo del mundo. Y aun eso estaba en el aire. Mis doctores no podían darme garantía alguna de cuánta movilidad llegaría a recuperar.

Sin embargo, estaba obsesionado con ello. Me moría de ganas de volver a correr. Estudiaba mis propios movimientos a cada instante como un halcón, buscando desesperadamente cualquier indicio, cualquier pista, de que mis nervios se estaban despertando y empezaba a recuperar la movilidad. Esa desesperación no hacía más que incrementar mi agotamiento emocional. Quienes estaban más informados me repetían una y otra vez que fuera paciente con mis avances —que siguiera con mis ejercicios, que nadara regularmente en la piscina del barrio y cosas por el estilo—, pero la paciencia se me antojaba una virtud inalcanzable. Aquel verano Christy y yo conseguimos muchas plazas de aparcamiento ventajosas gracias al certificado de invalidez transitoria que colgaba de nuestro retrovisor, pero no quiero que haya malentendidos: lo que más quería del mundo era deshacerme de ese certificado y de todo lo que representaba. Lo mismo pensaba de mi bastón.

Empecé a tener sueños —muy realistas— en los que volvía a la pista de tenis, corría libremente y jugaba con alegría igual que antes. ¡Bueno, a excepción de que todos mis reveses *entraban*! Y entonces me despertaba y comprendía que solo era un sueño, y me echaba a llorar. Experimenté esos sueños una y otra vez. Llegó un punto en el que, en medio del desarrollo del sueño, sospechaba que estaba soñando y me decía a mí mismo que rebajara mis expectativas para no tener que despertarme y que volvieran a desmoronarse. Cada mañana me sentía nuevamente decepcionado.

En realidad, aprender a caminar de nuevo, fue una experiencia extraña para una persona de veintiocho años. Esa no es la clase de proceso de aprendizaje que uno espera tener que revivir alguna vez. Pero ahí estaba yo, frisando la treintena y teniendo que pararme a pensar de nuevo en las implicaciones de caminar: ¿en qué momento exacto se levanta el pie trasero? ¿Y cuándo se supone que debe pisar el suelo de nuevo? ¿Y cuándo hay que doblar la rodilla? Se supone que hay que doblarla, ¿no? Recuerdo haber estado sentado en un banco y observar a la gente pasar andando —observar a la gente pasar *andando*— e intentando desentrañar toda la mecánica del asunto a partir de sus movimientos. Hubiera sido bastante memorable que me acercara a uno de ellos y le dijera: «Disculpe, ¿podría repetir eso de nuevo? Me encantaría ver eso que hace con los pies».

En cuestión de semanas, había pasado de estudiar teología a estudiar una actividad que los niños pueden hacer con toda facilidad; y a suspender la asignatura.

LA RADIOTERAPIA

Mientras tanto, la batalla contra el cáncer seguía en todo su fragor. Una vez que concluimos la quimioterapia de los meses veraniegos, llegó el momento de pensar en la radioterapia. Se supone que el otoño es el momento de comenzar con el fútbol universitario, pero ya nos habíamos acostumbrado a la idea de que las estaciones del año tendrían un sabor diferente en 1999. Octubre siempre ha sido mi mes favorito, pero en 1999 se convirtió en mi «Mes de la conciencia de la radioterapia» personal.

Habíamos recibido buenas noticias en septiembre: la batería de pruebas revelaba que el cáncer prácticamente había desaparecido de mi organismo, si es que no lo había abandonado por completo. La quimioterapia había llevado a cabo un buen trabajo, pero la radioterapia seguía siendo necesaria. Después de todo, quizá quedaba algún resto de cáncer y, aun en el caso de que no fuera así, este nuevo tratamiento reduciría las posibilidades de una recaída.

Mi experiencia con la radioterapia fue más engorrosa que dolorosa. A diferencia de la «quimio», que se me había administrado una vez cada tres semanas, la «radio» se aplicaba casi a diario: sería una rutina de lunes a viernes durante cuatro semanas seguidas. Así, cada mañana de entre semana, volvía al hospital en Washington DC, aparcaba, caminaba hasta el ala de radiología, esperaba mi turno, recibía el tratamiento y me marchaba. Un día tras otro. Lo irónico es que el procedimiento en sí —el «disparo» de radiación propiamente dicho— apenas duraba treinta segundos. ¡A mí me parecía que, cuando quiera que uno tuviese que lidiar con el agresivo tráfico de Washington, era perentorio que pasara al menos un minuto en su lugar de destino! En cualquier caso, me sentía agradecido por que la radioterapia estuviera exenta de efectos secundarios graves. En general, fue una experiencia indolora, más una inversión de tiempo que una pesadilla médica. Ciertamente, entiendo que, para muchos, la radioterapia no es tan indolora.

LA QUIMIOTERAPIA, SEGUNDA PARTE

Así, para mediados de noviembre, habíamos pasado por tres fases cruciales del tratamiento: la intervención quirúrgica en abril, seguida por la quimioterapia a lo largo del verano y, por último, la radioterapia en otoño. Sin embargo, la cosa no había terminado ahí.

El último paso de mi tratamiento oncológico fue una serie de inyecciones de quimioterapia que recibí durante noviembre y diciembre. A diferencia de la «quimio» de los meses veraniegos, que se me administró por vía intravenosa (esto es, por las venas), esta serie de inyecciones a finales de año sería «intratecal» (lo que significa administradas en la teca, la zona que rodea la médula espinal). Mi oncólogo deseaba tomar todas las medidas necesarias para asegurarse de que no quedara ninguna célula cancerosa merodeando por esa parte de mi cuerpo. Por desgracia, introducir los medicamentos anticancerosos en la zona que rodea la médula espinal requiere punzar la espalda con una aguja muy larga. Por suerte, no podía verlo pasar. Lo único que podía ver era la pared que tenía enfrente mientras esperaba recostado a que se completara el proceso. Christy podía haberlo visto de haber estado en la habitación, pero nuestro doctor había sido testigo de los desmayos de suficientes esposas abnegadas que se desvanecían al contemplar esa aguja kilométrica punzando la espalda, por lo que acostumbraba a invitar a los visitantes a abandonar la sala. Volvería una vez que hubiese terminado.

Cuando empezó la serie de inyecciones, no sabíamos de cuántas constaría el tratamiento. ¿Ocho? ¿Seis? Al final, solo fueron cinco. Eso se debió en gran medida a que mi cuerpo no las asimiló bien. Ese tipo de inyecciones se conocen por los fuertes dolores de cabeza que producen, y yo sufría muchos de esos. Y peor aún: llegué a pasar la víspera del Día de Acción de Gracias en el hospital, sometiéndome a una pequeña intervención para mitigar los efectos secundarios. En vista de que estaba reaccionando tan mal a las inyecciones, y teniendo en cuenta que su propósito inicial solo era preventivo (no eran perentorias), se tomó la decisión de suspenderlas a la quinta.

En aquel momento no lo sabíamos, pero esa última dosis de quimioterapia intratecal sería el último tratamiento al que habría de someterme por causa del cáncer. ¡De haberlo sabido, nos habríamos puesto a bailar! Sin embargo, en ese instante los días del baile parecían quedar muy lejos aún. Era demasiado pronto. Demasiado pronto para saber si quedaba algún otro tratamiento preventivo en la recámara. Demasiado pronto para saber si mi cáncer iba a volver súbitamente. Y en ocasiones lo hace.

CAPÍTULO 5

Pruebas cardíacas

Tal como señalé en el capítulo anterior, un paciente con cáncer pasa una serie de pruebas médicas durante el tratamiento de su enfermedad, pruebas que revelan el estado de su organismo. Entre ellas se cuentan algunas que captan imágenes del corazón para que quede a la vista de todos. Y, al mismo tiempo, también está siendo sometido a pruebas cardíacas espirituales. La Biblia describe el alma de un hombre como su «corazón», y el sufrimiento también revela su estado en ese sentido. Concretamente, se enfrenta de manera constante a esta pregunta acerca del corazón: ¿cuál es la fuente de tu gozo más profundo?

LA DETERMINACIÓN DE HABACUC

Habacuc, el profeta del Antiguo Testamento, nos muestra la fuente del gozo verdadero en la gloriosa conclusión del libro que lleva su nombre. Al comienzo del libro, Habacuc no está gozoso, sino profundamente perplejo. No entiende el trato que dispensa el Señor a su pueblo rebelde. El Señor no solo parece tolerar su rebelión, sino que la solución que utiliza —que es utilizar los ejércitos de Babilonia para castigarlos— no tiene visos de ser una solución siquiera. No obstante, a medida que la profecía va avanzando, el Señor proporciona una garantía de su fidelidad que Habacuc abraza, de tal forma que vemos al profeta antaño perplejo confiando en su Dios. Aquí tenemos la confesión final:

> «Aunque la higuera no florezca, ni en las vides haya frutos, aunque falte el producto del olivo, y los labrados no den mantenimiento, y las ovejas sean quitadas de la majada, y no haya vacas en los corrales18; con todo, yo me alegraré en Jehová, y me gozaré en el Dios de mi salvación19. Jehová el Señor es mi fortaleza, el cual hace mis pies como de ciervas, y en mis alturas me hace andar» (Habacuc 3:17-19).

¡Qué confesión más extraordinaria es esta! El sombrío panorama que describe Habacuc en el versículo introductorio no es una letanía de contratiempos secundarios: son cuestiones de vida o muerte. Y, sin embargo, al contemplar ese panorama, tiene la determinación de gozarse. ¿Cómo podemos explicar semejante disposición? Advirtamos que en los versículos 18-19 Habacuc mismo nos proporciona la explicación. Podemos ver cinco razones para su regocijo ante circunstancias tan adversas.

En primer lugar, Habacuc conocía a Dios como el Dios del pacto de Israel. En este pasaje se refiere a él en dos ocasiones utilizando el nombre del pacto, «Yahveh», que se traduce como «Señor» (v. 18) y «Dios» (v. 9). Es indudable que Habacuc comprendía el misericordioso significado de ese nombre. Empezando por Abraham, Dios había condescendido en establecer una relación única con el pueblo de Israel. Tal como les recordó Moisés: «Jehová tu Dios te ha escogido para serle un pueblo especial, más que todos los pueblos que están sobre la tierra» (Deuteronomio 7:6). El nombre «Yahveh» se convirtió en el que el pueblo elegido de Dios utilizaba para referirse a él y dirigirse a él en oración. Dios mismo había revelado ese nombre con tal propósito. ¡De entre todos los pueblos que había en el mundo, solo Israel conocía al único Dios verdadero por su nombre!

Y no solo eso, también era una relación vinculante. No se trataba de una mera alianza transitoria, ni de una amistad pasajera. Dios se había comprometido con Abraham y sus descendientes por medio de promesas inquebrantables, incluyendo la de que un día formarían una gran nación, y que Dios mismo se manifestaría como su salvador. Dios llegó a jurar en una dramática ceremonia de ratificación del pacto que sería fiel a esas promesas (*cf.* Génesis 15). Como resultado de ello, Israel sabría (parafraseando a Jesús) que nadie podría arrebatarlos de la mano de Yahveh. Sabrían (parafraseando a Pablo) que nada podría separarlos del amor de Yahveh. Eso no significaba que Dios no estaría dispuesto a castigar a su pueblo, aun llegando a diezmarlos hasta un remanente en comparación con su gloria pretérita, si eso era lo que necesitaban. Ciertamente, eso es lo que aseguró a Habacuc que haría al poner a los babilonios en su contra. En lugar de eso, el pacto de Dios con su pueblo significaba que, aun las merecidas calamidades a las que los sometería, contribuirían de alguna forma a la causa de su redención como pueblo, con la culminación del ministerio del Mesías. Cada israelita fiel, incluido Habacuc, podía apropiarse de esas verdades personalmente. Aun cuando se produjeran calamidades terrenales de tal forma que él y sus congéneres quedaran privados de todo, Habacuc debía saber que seguiría teniendo al Señor, y que el Señor seguiría teniéndolo a él. ¡No sorprende que tuviera la determinación de regocijarse!

En segundo lugar, Habacuc conocía al Señor como el Dios de su salvación (v. 18). El Señor había cumplido, una y otra vez, su promesa de liberar al pueblo de Israel de los enemigos que lo rodeaban. Y, de manera más importante —y más personal—, había demostrado ser el Salvador de todos los pecadores que confiaran en él al conceder el perdón en esta vida además de la esperanza de una vida eterna.

Es cierto que el Antiguo Testamento no nos enseña las realidades de la salvación personal de forma tan clara como lo hace el Nuevo Testamento. Eso es justamente lo que cabría esperar, dado que esas misericordiosas realidades solo quedaron plenamente reveladas con la venida de Cristo y el posterior derramamiento del Espíritu Santo. No obstante, Hebreos 11 nos recuerda que quienes confiaron en el Señor antes de los tiempos de Cristo lo hicieron con la perspectiva de la vida eterna en mente: Abraham, y quienes confiaron en Yahveh como hizo él, se cuentan entre quienes «anhelaban una [patria] mejor, esto es, celestial» (Hebreos 11:16). Puede que Habacuc y sus compañeros «cristianos precristianos» no entendieran las verdades de la salvación personal tan profundamente como nosotros en la actualidad, pero su fe y su esperanza personales eran igualmente verdaderas. Cuando Habacuc llamó al Señor «el Dios de mi salvación», entendía, aun cuando fuera brumosamente, que había sido salvado del juicio del Dios santo y justo de Israel, y salvado para la vida eterna con él y su pueblo. Al ponderar la posibilidad de que no hubiera fruto, ni alimento o rebaños (v. 17), es indudable que anhelaba un día en el futuro de esta vida en que se restituyeran esas bendiciones terrenales. Sin embargo, en última instancia, debió de fijar la vista en ese futuro día eterno en el que los altibajos de la suerte terrenal de Israel dieran paso por fin a una eternidad de solidez, certidumbre y paz. El horizonte de Habacuc era, por encima de todo, de índole celestial.

En tercer lugar, Habacuc conocía al Señor como el gobernante soberano de todo. También esto queda reflejado en la forma en que se dirige a él. Después del título de «Señor» en la frase «Jehová, el Señor», en el versículo 19 tenemos el término hebreo *Adonai*, un título que se solía utilizar para hacer referencia a quienes ocupaban una posición de autoridad. En consonancia, *Adonai* se convirtió en un título con el que Israel acostumbraba a dirigirse a Dios mismo, puesto que es él quien posee la autoridad última. Aunque las naciones limítrofes también otorgaban títulos de señorío a sus dioses —por ejemplo, «Baal» significaba «señor», y así es como se llamaban muchos de los dioses cananeos—, solo el Dios de Israel merecía en realidad que se le designara de esa forma. Yahveh era el Dios vivo que gobernaba toda la creación. Tal como vimos anteriormente, Israel confesaba de buen grado: «¡Jehová reina!». Por ese motivo, Habacuc podía saber que, si las pruebas que describe en el versículo 17 tenían lugar, no sería otro más que el Señor mismo quien las obrara. Nada escapaba a la providencia omnisciente que demostraba para con su pueblo.

En cuarto lugar, el Señor era la fuente de la fortaleza de Habacuc: «El Señor es mi fortaleza» (v. 19). Todo el que se conozca a sí mismo habrá de reconocer que carece de fortaleza propia, si se le deja a su merced, para prosperar en medio de la adversidad. Quien confía en el Señor, lo reconoce abiertamente: «Soy débil por mi propia cuenta». Sin embargo, por suerte, puede reconocer también que el Todopoderoso no abandona a su pueblo a su debilidad. Los transforma, fortalece a los débiles. Pablo aprendió eso cuando Cristo le tranquilizó: «Bástate mi gracia; porque mi poder se perfecciona en la debilidad». Pablo podía decir: «Por lo cual, por amor a Cristo me gozo en las debilidades, en afrentas, en necesidades, en persecuciones, en angustias; porque cuando soy débil, entonces soy fuerte» (2 Corintios 12:9-10). Isaías también confesó esto mismo:

> «¿No has sabido, no has oído que el Dios eterno es Jehová, el cual creó los confines de la tierra? No desfallece, ni se fatiga con cansancio, y su entendimiento no hay quien lo alcance. Él da esfuerzo al cansado y multiplica las fuerzas al que no tiene ningunas. Los muchachos se fatigan y se cansan, los jóvenes flaquean y caen; pero los que esperan a Jehová tendrán nuevas fuerzas; levantarán alas como las águilas; correrán, y no se cansarán; caminarán, y no se fatigarán» (Isaías 40:28-31).

En quinto lugar, el Señor había dado un fundamento firme a Habacuc: «El cual hace mis pies como de ciervas, y en mis alturas me hace andar» (v. 19). Todos sabemos, tal como sabía Habacuc, que el terreno de la vida puede ser traicionero, especialmente en medio de circunstancias difíciles. Sin embargo, el creyente nunca está completamente perdido. Siempre tiene una conciencia —en lo más hondo, por débil que pueda ser— del camino que debe seguir, puesto que siempre sabe que puede acudir a su Padre omnipresente y encomendarle todas sus preocupaciones. Sabe que confiar en Cristo es el camino que debe tomar, y que ese camino lleva a su destino eterno. Sí, en ocasiones le cuesta abrirse paso, pero detrás de todo ese esfuerzo hay una conciencia nítida de que el Señor le guía por medio de la luz de su Palabra y su providencia.

Cinco razones para regocijarse: el pacto, la salvación, la soberanía, la fortaleza y el fundamento firme.

Lo que destaca de la confesión de Habacuc es que hallaba su gozo más profundo en el Señor mismo. Las cinco razones, tomadas en conjunto, se resumen en una sola. Aunque el Señor da muchas cosas buenas a su pueblo, el don más precioso que les otorga es la relación con él mismo: «Esta es la vida eterna —dijo Jesús—: que te conozcan a ti, el único Dios verdadero, y a Jesucristo, a quien has enviado» (Juan 17:3). Todos los demás bienes palidecen en comparación con ese. Todas las demás bendiciones solo se pueden entender adecuadamente en relación con la mayor de ellas.

TRES TESTIGOS ADICIONALES

Habacuc no es el único personaje de las Escrituras que nos muestra la esencia del gozo verdadero. Consideremos estos otros tres testigos.

Escuchemos, primeramente, a David en el Salmo 27:

> «Una cosa he demandado a Jehová, ésta buscaré; que esté yo en la casa de Jehová todos los días de mi vida, para contemplar la hermosura de Jehová, y para inquirir en su templo» (Salmo 27:4).

David anhelaba contemplar la belleza del Señor, crecer en el conocimiento de él y de sus caminos. Ahora bien, hay otros salmos de David, así como el relato de su vida que encontramos en los libros de Samuel, donde vemos que David pidió muchas cosas al Señor. ¿Cómo puede decir aquí en el Salmo 27 que solo pidió una cosa? Debe querer decir que esta era la petición que superaba a todas las demás. Este era su más profundo deseo. Conocer al Señor era el gozo más profundo de David.

En segundo lugar, escuchemos a Asaf en el Salmo 73:

> «¿A quién tengo yo en los cielos sino a ti? Y fuera de ti nada deseo en la tierra. Mi carne y mi corazón desfallecen; mas la roca de mi corazón y mi porción es Dios para siempre» (Salmo 73:25-26).

¿De verdad quería decir Asaf que no deseaba ninguna otra cosa en la tierra aparte del Señor? Es indudable que deseaba bienes terrenales, puesto que desear la felicidad terrenal es parte constituyente del ser humano. Debe querer decir que conocer al Señor era su mayor deseo. Todas las demás bendiciones que Asaf pudiera haber querido, por luminosas que hubieran podido parecer vistas de forma aislada, quedaban eclipsadas ante el resplandor de la gloria de Dios. Y vemos que en la actualidad sucede lo mismo. Conocer al Señor se convierte en esa perla de gran precio por la que estaríamos dispuestos a renunciar a cualquier otro tesoro.

Escuchemos, en tercer lugar, a Pablo dirigiéndose a los filipenses:

> «Pero cuantas cosas eran para mí ganancia, las he estimado como pérdida por amor de Cristo. Y ciertamente, aun estimo todas las cosas como pérdida por la excelencia del conocimiento de Cristo Jesús, mi Señor, por amor del cual lo he perdido todo, y lo tengo por basura, para ganar a Cristo...» (Filipenses 3:7-8).

Advirtamos el foco de atención de Pablo. Consideraba que conocer a Jesucristo, su Señor, era lo más valioso de todo, tanto que estimaba cualquier otra cosa basura o desperdicio.

Así, vemos que estos tres otros versículos bíblicos —David, Asaf y Pablo— añaden su «amén» a la verdad que hemos observado en Habacuc. Esos tres hombres dan testimonio junto con Habacuc de que nuestro gozo más profundo se halla en el conocimiento del Señor, y solo en él.

GOZO PUESTO A PRUEBA

La confesión de Habacuc nos sería de ánimo aun cuando solo dispusiéramos de los versículos 18 y 19, en los que describe su gozo en su Salvador. Sin embargo, tenemos algo más que esos dos versículos: también contamos con el versículo 17 que los precede, en el que anticipa una devastación inmensa y generalizada. Eso es lo que convierte su confesión en algo especialmente extraordinario. Contra el oscuro trasfondo del versículo 17, su determinación de gozarse brilla con mayor fulgor aún:

Esto nos recuerda una verdad importante acerca del sufrimiento: que pone nuestro gozo a prueba a su manera. Con «a prueba» me refiero en los dos sentidos[1]: las dificultades ponen a prueba nuestro corazón, y luego nuestra reacción se presenta como «prueba A» ante un tribunal lleno de observadores —familiares, amigos, compañeros de trabajo, doctores, enfermeras y otros— que son testigos de primera mano de la verdadera base de nuestro gozo.

En el primer capítulo de su primera epístola, Pedro se gloría en la salvación que corresponde a quienes pertenecen a Jesucristo, y tiene la confianza de que sus lectores se glorían con él. Escribe:

> «En lo cual vosotros os alegráis, aunque ahora por un poco de tiempo, si es necesario, tengáis que ser afligidos en diversas pruebas, para que sometida a prueba vuestra fe, mucho más preciosa que el oro, el cual aunque perecedero se prueba

> con fuego, sea hallada en alabanza, gloria y honra cuando sea manifestado Jesucristo, a quien amáis sin haberle visto, en quien creyendo, aunque ahora no lo veáis, os alegráis con gozo inefable y glorioso; obteniendo el fin de vuestra fe, que es la salvación de vuestras almas» (1 Pedro 1:6-9).

Advirtamos que Pedro se dirige aquí a aquellos cuyo gozo había sido puesto a prueba. Aunque habían sido «afligidos en diversas pruebas», seguían regocijándose en su gran salvación. De forma concreta, lo hacían como quienes amaban a Cristo, su gran Salvador. Su gozo era inefable y glorioso debido a la relación que tenían con él, aun cuando jamás lo hubieran visto con sus ojos físicos. Caminaban por fe, no por visión. Advirtamos lo siguiente: sus diversas pruebas no les habían dado gozo, sino que habían puesto de manifiesto su gozo para que todos los demás lo vieran. Al leer este pasaje nos convertimos en la audiencia que se aglomera en la sala del juicio. Y también nosotros nos regocijamos cuando Pedro presenta las pruebas. ¡Qué maravilloso es constatar la orientación de los corazones de sus lectores!

Una de las personas que entendió bien esta verdad fue Samuel Rutherford, el pastor escocés del siglo XVII. A lo largo de su vida, Rutherford mantuvo un extraordinario ministerio epistolar con los miembros de la congregación donde servía, así como con otros amigos y familiares, y para animarlos con las verdades del evangelio utilizaba la pluma y el correo postal. En la actualidad se conservan cerca de trescientas cartas de Rutherford.

El 14 de septiembre de 1634, Rutherford escribió a una mujer cuyo esposo había muerto tan solo dos días atrás. Sabía por experiencia que la muerte del cónyuge propio se encuentra entre las mayores aflicciones (su primera esposa había muerto en 1630), y lo reconocía en la misiva. Escribía: «Debo afirmar, por experiencia propia, que el luto por el marido de la juventud es, en boca de Dios, la aflicción más dolorosa de este mundo (Joel

1:8)»[2]. Sabía que su dolor no debía tomarse a la ligera o desestimarse. Sin embargo, también sabía que el Señor estaba llevando a cabo una obra para su bien. Concretamente, Rutherford confiaba en que la pérdida de su marido sirviera como una prueba de corazón que mostrara a los demás dónde debía buscarse el gozo más profundo. Le instó, en medio de su dolor, a:

> ... permitir que Dios, los hombres y los ángeles vean ahora lo que hay en usted. El Señor ha introducido una grieta en el vaso; ahora se sabrá si contiene agua o vino. Demuestre su fe y su paciencia para que se sepa que su único amado, el primero y el último, ha sido Cristo[3].

Esas son palabras emocionantes y retadoras. Deseaba que esta mujer entendiese el hecho de que su gozo había sido puesto a prueba a consecuencia de la muerte de su esposo. Lo que estaba siendo puesto a prueba y exhibido era su corazón. Dios y los ángeles estaban observando. Por supuesto, Dios ya sabía lo que había en su corazón, pero los hombres y los ángeles necesitaban verlo y, en todo caso, el Dios omnisciente seguía mereciendo una demostración de fidelidad. Y Rutherford tenía la confianza de que ella haría semejante demostración. La conocía lo suficientemente bien como para saber que los resultados de su prueba serían alentadores. Escribió:

> Ahora espero ver, y eso con gozo y consuelo, aquello que esperé de usted desde el momento en que la conocí genuinamente, esto es, que se ha apoyado de tal forma en el Santo de Israel que desafía las adversidades, y que su alma es un castillo que puede ser asediado, pero no tomado[4].

Con la mujer que leyó la carta de Rutherford sucedió lo mismo que con quienes leyeron la epístola del apóstol Pedro: su pérdida no había sido motivo de gozo; en lugar de eso, tendría por efecto revelar el gozo en Cristo que ella ya poseía.

Entender el gozo de esta forma, con el trasfondo de las pruebas, nos ayuda a comprender lo que es el gozo verdadero y bíblico. Expresémoslo de forma negativa: regocijarse en el Señor no es cuestión de negar el valor de las bendiciones terrenales (ya se trate de posesiones, personas, oportunidades o éxitos) y anular cualquier deseo que experimentemos de ellos. No, en modo alguno. Tal como ya he dicho, desear la felicidad terrenal forma parte de la naturaleza humana. Es legítimo deleitarse en las bendiciones de esta vida y sentir una tristeza genuina cuando se nos priva de ellas o no llegamos a disfrutarlas.

Insinuar que la piedad verdadera equivale a resistir la tentación de disfrutar de cualquier cosa, como si debiéramos vivir en un estado de melancolía perpetua porque sabemos que las cosas son pasajeras y los demás nos traicionan, es una distorsión del cristianismo. Cuando confesamos junto con Asaf «fuera de ti nada deseo en la tierra» no significa decir: «Señor, no deseo nada en la tierra que no seas tú, puesto que, de todas formas, no hay nada deseable en este mundo». ¡Esa sería una alabanza ciertamente pobre! No, nos regocijamos en el Señor porque es más valioso —infinitamente más valioso— que cualquier bendición natural, por maravillosa que esta sea. Por eso, en esta vida, en ocasiones nos vemos regocijándonos en el Señor a pesar de las lágrimas. El regocijo en él es más profundo que las diversas emociones que experimentamos —emociones reales— en lo tocante a nuestra suerte en este mundo. En resumen: es legítimo sentir satisfacción o dolor por las ganancias y las pérdidas de las bendiciones terrenales, mientras se considere a Cristo la bendición que supera de largo a todas ellas.

LA VERDAD PRÁCTICA

Estas verdades acerca del gozo fueron algunas de las lecciones que Christy y yo tuvimos que aprender a medida que recorríamos la senda del cáncer. Se nos sometió a pruebas de corazón en muchas ocasiones y de muchas maneras. Nos veíamos enfrentados a menudo a esa escrutadora pregunta: «Paul y

Christy, ¿cuál es la fuente de vuestro gozo más profundo?». Si, tal como señalé anteriormente, las pruebas médicas suelen bautizarse con acrónimos (IRM, TAC, TEP), quizá convenga acuñar uno en este sentido. Llamémosle escáner «IGMP»: Imagen del Gozo Más Profundo.

Tuvimos que aprender que no podíamos encontrar nuestro gozo más profundo en nuestra salud, puesto que esta había demostrado ser muy imprevisible. Tampoco podía hallarla en los deportes que practicaba, puesto que ya no podía estar seguro de que fuera a andar sin ayuda, por no hablar de correr por esas pistas de nuevo.

Tuvimos que aprender, asimismo, que no podíamos encontrar nuestro gozo más profundo en la perspectiva de la recompensa profesional. Afirmo que eso tuvimos que aprenderlo «nosotros». En realidad, fue Christy la que recibió una oportunidad única de aprender esa lección por ambos. En la época de mi enfermedad ella trabajaba en Capitol Hill como asistente de un comité de la Cámara Baja de EE. UU. Poco antes había colaborado entre bastidores en la redacción y la aprobación de un proyecto de ley del Congreso, lo que le granjeó una invitación al Rose Garden de la Casa Blanca para asistir a la firma de la ley por parte del presidente. ¡Una ceremonia en la Casa Blanca! Bueno, eso sí que era algo como para generar expectación. La ceremonia debía celebrarse el martes 29 de abril. Sin embargo, poco sabía ella cuando recibió y aceptó la invitación que, para el 29 de abril, su marido estaría en el hospital tras haber recibido un diagnóstico de cáncer apenas unos días antes. Al pasar la página del 29 de abril de 1999 en su calendario, aparecen dos anotaciones manuscritas de Christy. En la parte superior se puede leer «ceremonia de firma», una referencia al evento en la Casa Blanca que ella había estado aguardando. Justo debajo figura «1.ª quimio de Paul», lo que verdaderamente sucedió aquel día. El 29 de abril yo seguía en el hospital recibiendo mi primera sesión de quimioterapia.

Fue un ejemplo extraordinario de la forma en que el sufrimiento obliga a ver las cosas desde otra perspectiva. Lo que en un primer momento se anticipaba como un gran acontecimiento —emocionante y con un cariz de satisfacción y recompensa profesionales— había quedado súbitamente ensombrecido por el miedo. Christy tuvo que sentarse en el Rose Garden de la Casa Blanca sabiendo que a menos de dos kilómetros de distancia su marido estaba recibiendo unos fármacos que quizá salvaran su vida o no. Salió de la ceremonia en la Casa Blanca con lágrimas en los ojos para volver al hospital a toda prisa. Cualquier tentación que Christy hubiera podido tener anteriormente de convertir la satisfacción profesional en la meta y el sentido de la vida había quedado herida de muerte.

En resumen, tuvimos que aprender que no podíamos encontrar nuestro gozo más profundo en ningún bien terrenal. Lo cierto es que el Señor nos había dado una vida muy buena antes de que el cáncer hiciera acto de aparición. Aunque nunca habíamos comulgado con un evangelio de «salud y prosperidad», el Señor se había complacido en darnos cuerpos sanos y una economía doméstica saneada. Y, por encima de eso, nos había unido en matrimonio. ¡No olvidemos, además, que habíamos escrito mentalmente el guion del resto de nuestras buenas vidas! Mi diagnóstico nos enfrentó a la posibilidad de perderlo casi todo, en el momento presente y en el futuro.

Hubo muchas ocasiones durante nuestra experiencia en las que nos situamos ante encrucijadas espirituales. Ante este o aquel temor, o lucha, o revés, ¿podíamos decir junto con Habacuc: «Yo me alegraré en Jehová»? ¿Podíamos confesar con David que lo que deseábamos más profundamente era «contemplar la hermosura de Jehová»? ¿Podíamos declarar junto con Asaf: «Fuera de ti nada deseo en la tierra»? ¿Podíamos afirmar junto con Pablo: «Aun estimo todas las cosas como pérdida por la excelencia del conocimiento de Cristo Jesús, mi Señor»? ¿O sería nuestra respuesta algo más parecido a esto: «No, Señor, esto es demasiado. El gozo queda suspendido por ahora. Volveremos a tenerlo cuando recuperemos las cosas que estos acontecimientos nos han arrebatado. Hasta entonces, pedimos tiempo muerto»?

¡Qué necio e incrédulo habría sido por nuestra parte responder de esa forma! ¿Suspender el gozo? Solo si se hubiera suspendido el evangelio, lo cual, por supuesto, no era así, ni jamás lo sería. Jamás, en momento alguno —ni siquiera en los más oscuros—, Cristo llegó a ser nada por debajo de infinitamente acreedor de nuestro deleite, y de pensar que estábamos unidos a él inseparablemente por medio de la fe que él mismo había obrado en nuestros corazones. ¿Cabía siquiera la posibilidad de pedir un tiempo muerto para nuestro gozo?

Aun al cantar himnos veía mi corazón puesto a prueba de esta forma. Uno de mis himnos favoritos es *Alma, bendice al Señor*. Uno de los versos de ese himno que siempre me llaman la atención al cantarlo es la pregunta de la segunda estrofa:

> *¿Acaso no ves*
> *que tus deseos te han sido*
> *concedidos en lo que él ha dispuesto?*

Recuerdo vivamente cantar ese himno —incluida esa pregunta— con la congregación un domingo por la tarde pocas semanas después de mi diagnóstico. ¡Esa no es una pregunta nada trivial que hacerse en un momento semejante!

Al entonar esa pregunta fue como si el autor de himnos del siglo XVII atravesara todos esos años para interpelarme. Y mis hermanos y mis hermanas en la congregación, cantando a mi alrededor, se unían a la pregunta: «Tú, ahí, el que tiene cáncer, dínoslo: ¿no has visto que tus deseos han quedado colmados en las cosas que Dios ha obrado en tu vida? Respóndenos».

Sin la fe en Cristo, mi respuesta a esa pregunta bien podría haber sido una visceral negativa. «No, no he visto eso. ¿Quieres ver lo que veo yo ahora mismo? Permíteme que te lo diga: veo la quimioterapia, la invalidez y la muerte. Eso es lo que veo. Y no, no diría que eso sea el cumplimiento de mis deseos. Pero gracias por preguntar».

Esa podía haber sido mi respuesta sin la fe en Cristo. Sin embargo, afortunadamente, y por la gracia de Dios, pude leer la pregunta desde la perspectiva de la fe, por lo que mi corazón ofreció una respuesta muy distinta. «Sí, lo he visto. He visto que el Señor me ha dado ni más ni menos que el don de conocerlo, que es lo que más deseo. Además, he visto que me ha prometido la llegada de un día en que las pruebas de esta vida se habrán desvanecido como si hubieran sido un sueño extraño. De modo que sí, he visto que mis anhelos más profundos han quedado satisfechos en lo que Dios ha dispuesto para mi vida, dado que ha dispuesto que sea su hijo y su heredero».

Y así, al final pude terminar diciendo: «Gracias por preguntar». Lo cierto es que una pregunta espiritual de esa índole es una bendición. Una cosa es que se nos diga: «Dios te ha concedido el don más importante». Y otra cosa es que se nos pregunte, esperando una respuesta: «¿Qué es lo que ves? ¿No confiesas que Dios te haya bendecido?». En ese momento es como si el mundo entero estuviera contemplando a la espera de oír la respuesta, y el silencio hasta proporcionarla es ensordecedor y terrible.

LA BÚSQUEDA DEL GOZO

Aunque es indudable que los cristianos tienen motivos sobrados para el gozo, para muchos la cuestión es cómo buscarlo. ¿Qué papel desempeñamos en eso? Sabemos que las Escrituras nos ordenan gozarnos. Escribe Pablo a los filipenses: «Regocijaos en el Señor siempre. Otra vez digo: ¡Regocijaos!» (Filipenses 4:4). Escribe Santiago: «Hermanos míos, tened por sumo gozo cuando os halléis en diversas pruebas, sabiendo que la prueba de vuestra fe produce paciencia» (Santiago 1:2-3). En esos pasajes, el gozo se considera algo imperativo.

Sin embargo, esto puede parecernos extraño, hasta imposible. ¿Cómo puedo inducirme a mí mismo a sentir gozo de pronto? Es indudable que no podemos pulsar un interruptor emocional en respuesta a una orden. ¿No es imposible generar sentimientos espirituales genuinos en un instante?

La respuesta es doble. En primer lugar, aunque los sentimientos genuinos no son puramente una cuestión de fuerza de voluntad, podemos concentrar nuestras mentes deliberadamente en la meditación en las verdades que despiertan el gozo. El patrón seguido aquí (como sucede en muchos aspectos de la vida cristiana) es una labor mental que conduce a resultados en el corazón. En resumen, sentimos un gozo genuino cuando nuestras mentes ponderan las razones que tenemos para gozarnos. Y concentrar nuestras mentes de esa forma es algo viable. En cualquier momento, podemos detenernos y considerar lo que Cristo ha hecho por nosotros y las promesas del evangelio basadas en esos cimientos. En cualquier momento, podemos recordar los motivos para el regocijo que nos muestra Habacuc: el pacto, la salvación, la soberanía, la fortaleza y el fundamento seguro. Y, cuando lo hacemos, y merced a la bendición del Espíritu, el resultado es el gozo verdadero. La pregunta es: ¿nos tomaremos el tiempo para llevar a cabo esa tarea mental, y hacerla bien?

Por suerte, podemos acometer esa labor confiando en la gracia de Dios. Esto es, podemos dirigir nuestra atención deliberadamente a las verdades del evangelio con la conciencia de que nuestro Dios ya se regocija sobre nosotros en Cristo: «Se gozará sobre ti con alegría» (Sofonías 3:17); que ya ha comenzado la obra renovadora de darnos gozo en respuesta a ello: «En quien creyendo [en Cristo], aunque ahora no lo veáis, os alegráis con gozo inefable y glorioso» (1 Pedro 1:8); y que no permitirá que esa obra quede inconclusa: «El que comenzó en vosotros la buena obra, la perfeccionará hasta el día de Jesucristo» (Filipenses 1:6). No buscamos el gozo como quienes han quedado al albur de sus escasos recursos para encontrar alguna clase de sentimiento, y luego intentar que perdure a la desesperada. En lugar de eso, lo buscamos como quienes están investidos de la gracia de Dios. La gracia de Dios triunfará al final.

En segundo lugar, el mandato de regocijarse nos desafía a elevar la mirada y contemplar el largo camino de por vida del discipulado cristiano. No solo podemos concentrarnos en las cosas que son motivo de gozo —y hacerlo ahora—, sino que también podemos persistir en nuestra búsqueda continua del Señor, día a día, año a año, al objeto de crecer en gozo a lo largo del tiempo. Tal como el enfermo de cáncer se somete a pruebas médicas regulares para determinar sus progresos a largo plazo, así también el cristiano se administra con regularidad los fármacos del evangelio prescritos por el gran Médico (la Palabra, los sacramentos, la oración y la comunión) con el propósito de que su estado de regocijo vaya en aumento con el paso del tiempo.

Puede que, en la providencia de Dios, tu conciencia del gozo esté siendo puesta a prueba mientras lees estas líneas. Quizá te veas inmerso ahora mismo en unas circunstancias en las que tu corazón esté siendo puesto a prueba duramente. Con independencia de las circunstancias exactas —comodidad o dificultad, abundancia o carestía—, es bueno que todos nosotros nos sometamos a esta prueba: el escáner de Imagen del Gozo Más Profundo. ¿Hasta qué punto nos identificamos con los testimonios de hombres como Habacuc, David, Asaf y Pablo? Ya tengas un gozo abundante o haya quedado reducido a su mínima expresión, detente y piensa acerca de los motivos para el regocijo que la Biblia te presenta. Levanta la vista y contempla el largo camino del discipulado, y busca ese crecimiento gradual en el gozo que el Señor se complace en otorgar a sus hijos. Si miras los suficientemente lejos, al final de esa senda verás el gozo puro del Cielo.

Cristiano: «¿Acaso no ves que tus deseos te han sido concedidos en lo que él ha dispuesto?». Ahora llega el momento *de* tu respuesta. Y piensa cuidadosa y fielmente antes de darla.

[1] En inglés, *trial* tiene las acepciones de «prueba» y «juicio».

[2] Rutherford, Samuel: *Letters of Samuel Rutherford*, p. 100 (Banner of Truth, Edimburgo, 1984). (N. del T.).

[3] Rutherford: *Letters*, p. 100.

[4] Rutherford: *Letters*, p. 101.

CAPÍTULO 6

Nunca caminarás solo

«Las desgracias no vienen solas», dice el refrán. Un dicho más apropiado sería que los que se enfrentan a situaciones desgraciadas prefieren no estar solos, sino en compañía de quienes se mantienen a su lado y comparten el peso de sus cargas. Desde el principio de nuestra odisea, Christy y yo tuvimos a muchos que se mantuvieron a nuestro lado. En primer lugar, y por encima de todo, nos teníamos el uno al otro. Para ser sinceros, fue ella la que se mantuvo en pie a mi lado... tanto literal como metafóricamente.

Es difícil exagerar la importancia de la familia y de la familia eclesiástica en la vida de aquellos cuyo gozo está sometido a prueba.

LA COMUNIDAD HUMANA

En el origen, el ser humano fue creado como una criatura social:

> «Entonces dijo Dios: Hagamos al hombre a nuestra imagen, conforme a nuestra semejanza; y señoree en los peces del mar, en las aves de los cielos, en las bestias, en toda la tierra, y en todo animal que se arrastra sobre la tierra. Y creó Dios al hombre a su imagen, a imagen de Dios lo creó; varón y hem-

> bra los creó. Y los bendijo Dios, y les dijo: Fructificad y multiplicaos; llenad la tierra, y sojuzgadla, y señoread en los peces del mar, en las aves de los cielos, y en todas las bestias que se mueven sobre la tierra» (Génesis 1:26-28).

Tanto en el acto de crear al ser humano como en la palabra divina que lo antecedió, vemos que Dios nunca quiso que hubiera un solo ser humano poblando la tierra, viviendo una vida solitaria, trabajando, jugando y adorando a solas. No, el plan de Dios era que existiera una comunidad humana. La primera pareja —Adán y Eva— recibió el mandado de fructificar y multiplicarse, de tal manera que llegara un momento en que hubiera muchas personas en este mundo que amaran a Dios y a su prójimo.

El relato de Génesis 2 lo refuerza:

> «Y dijo Jehová Dios: No es bueno que el hombre esté solo; le haré ayuda idónea para él [...]. Entonces Jehová Dios hizo caer sueño profundo sobre Adán, y mientras éste dormía, tomó una de sus costillas, y cerró la carne en su lugar. Y de la costilla que Jehová Dios tomó del hombre, hizo una mujer, y la trajo al hombre. Dijo entonces Adán: Esto es ahora hueso de mis huesos y carne de mi carne; ésta será llamada Varona, porque del varón fue tomada» (Génesis 2:18,21-23).

Aquí vemos de forma especial que el ser humano no fue creado para que viviera aislado. El matrimonio se concibió como la más dulce sociedad en el marco más amplio de la sociedad humana. El marido y la mujer disfrutarían de la comunión más íntima que los seres humanos pudieran conocer. Juntos cumplirían el mandato de obtener el mayor provecho del mundo que Dios les había entregado, así como la responsabilidad de criar hijos que hicieran lo mismo.

Por desgracia, el pecado lo envenenó todo. En Génesis 3 leemos acerca de la desobediencia de Adán y Eva a su Creador y, con el tiempo, los resultados de aquella caída serían ciertamente amargos. En lugar de vivir en una sociedad armoniosa, el hombre libraría ahora una guerra contra sus congéneres. En lugar del compañerismo y la fidelidad en el matrimonio, el marido y la esposa sufrirían el extrañamiento y la traición. En lugar de educar a los hijos en la adoración y el servicio, los padres les transmitirían su egocentrismo, creando hijos ingratos a su propia imagen.

Por suerte, la caída en el huerto y sus repercusiones en las relaciones humanas no fueron el final de la historia. Dios no abandonó a la raza humana, sino que puso en marcha su plan a fin de redimir para sí a una nueva raza humana a partir de la antigua. Ese plan de redención tampoco supuso la destrucción de la institución de la familia. En lugar de eso, intervino para restaurarla y defenderla. En resumen, la intención misericordiosa de Dios era que existiera amor en la tierra a pesar de todo; armonía, fidelidad y amistad.

En el cumplimiento de los tiempos, la Iglesia se constituyó como representante terrenal de esa nueva raza humana. Antes de la venida de Cristo, la Iglesia era el pueblo de Israel. Tras su venida y su obra, la Iglesia se convirtió en la congregación de todos aquellos que fueran discípulos de Jesucristo en cualquier lugar. De acuerdo con el Nuevo Testamento, esa nueva sociedad es, en realidad, una nueva familia espiritual. Tal como lo expresa Pablo, la Iglesia es «la casa de Dios» (1 Timoteo 3:15). Los cristianos conocen a Dios como su Padre celestial y guardan el parentesco de hermanas y hermanos entre ellos. Y hasta consideran a Jesucristo el hermano más destacado de la familia. El que fue y es el Hijo eterno de Dios se convirtió en un hombre como nosotros —a excepción del pecado— para vivir, morir y resucitar por nosotros. Lo hizo para que aquellos unidos a él por fe pasaran a formar parte de la familia de Dios por adopción. ¡Las buenas noticias del evangelio son que, por la gracia, el Padre de Jesucristo se convierte también en el nuestro!

Como quienes ahora guardan este parentesco espiritual, los miembros de la Iglesia tienen el llamamiento de amarse y apoyarse unos a otros:

> «El amor sea sin fingimiento. Aborreced lo malo, seguid lo bueno. Amaos los unos a los otros con amor fraternal; en cuanto a honra, prefiriéndoos los unos a los otros. En lo que requiere diligencia, no perezosos; fervientes en espíritu, sirviendo al Señor; gozosos en la esperanza; sufridos en la tribulación; constantes en la oración; compartiendo para las necesidades de los santos; practicando la hospitalidad» (Romanos 12:9-13).

Como compañeros cristianos, debiéramos servirnos unos a otros a la manera que dice Pablo. Además, debemos permitir que otros nos sirvan. No solemos considerar un deber permitir que otros nos ayuden cuando atravesamos dificultades genuinas, ¿pero no es eso una de las implicaciones de la regla de oro? «Así que, todas las cosas que queráis que los hombres hagan con vosotros, así también haced vosotros con ellos» (Mateo 7:12). ¿No es así como queremos que nos traten los demás? ¿No queremos que acepten nuestros bondadosos ofrecimientos en los momentos difíciles, en lugar de rechazarnos con un falto de sinceridad: «No te preocupes, estoy bien»? Cuando recibimos a nuevos miembros en la congregación en la que sirvo, solemos animar al resto de los feligreses a que «les permitan ocupar un lugar de servicio en sus vidas». ¿No es así como debería ser? En ocasiones, nuestro deber cristiano es permitir que otros nos sirvan. La humildad opera en los dos sentidos, tanto en dar como en recibir.

Y no solo la Iglesia como un todo ha de ser una sociedad transformada en el mundo, sino que las familias cristianas están concebidas como una reproducción a pequeña escala de esa sociedad; «pequeñas iglesias» en las que se demuestren en la práctica las mimas virtudes de amor, perdón, honra y consuelo. Las últimas palabras del Antiguo Testamento predecían que el ministerio del precursor del Mesías se dedicaría a la restauración del amor y la honra en las familias: «Él hará volver el corazón de los padres hacia los hijos, y el corazón de los hijos hacia los padres» (Malaquías 4:6). Esa promesa se ha cumplido en todos los hogares cristianos donde padres e hijos, esposas y maridos tienen la relación adecuada bajo el gobierno de Dios. El matrimonio, concretamente, se ha revitalizado gracias al evangelio, cuando maridos y mujeres se relacionan entre sí con un amor que refleja el vínculo entre Cristo y su Iglesia (Efesios 5:22-23). Unidos en matrimonio y unidos con Cristo, caminan juntos hacia el Cielo como coherederos de la gracia de la vida (1 Pedro 3:7). El amor queda restaurado.

No sorprende, pues, que el amor en el seno de la familia de Dios destaque de manera extraordinaria en circunstancias de prueba y sufrimiento. Los cristianos dan un paso adelante cuando sus compañeros en la fe caen en alguna dificultad, y desempeñan labores prácticas de ayuda fraternal. Pablo lo encomendó a los gálatas cuando dijo: «Sobrellevad los unos las cargas de los otros, y cumplid así la ley de Cristo» (Gálatas 6:2). Esta es la ley de nuestro Salvador: que socorramos a nuestros hermanos y nuestras hermanas en el Señor, ayudándolos a cargar con el peso que los abate. Y no debemos hacer esto solo formalmente, sino con un corazón lleno de compasión. Pablo escribió a los cristianos en Roma: «Gozaos con los que se gozan; llorad con los que lloran» (Romanos 12:15). Y también enseñó a los corintios: «De manera que si un miembro padece, todos los miembros se duelen con él, y si un miembro recibe honra, todos los miembros con él se gozan» (1 Corintios 12:26).

El libro de Proverbios nos recuerda que en todo tiempo ama el amigo, y es como un hermano en tiempo de angustia (Proverbios 17:17). En algunos casos, el vínculo de amistad es mayor aún que el de la hermandad carnal: «El hombre que tiene amigos ha de mostrarse amigo; y amigo hay más unido que un hermano» (Proverbios 18:24). El vínculo que ata a los miembros de una iglesia no es el de una amistad natural, sino sobrenatural. Esto es, no nos pertenecemos unos a otros como quienes comparten intereses terrenales mutuos, sino como quienes comparten un vínculo común con Cristo.

Con independencia de cuáles sean nuestras diferencias y similitudes naturales (apariencia física, convicciones políticas, trabajos, aficiones, etc.), en última instancia estamos vinculados unos a otros como quienes están vinculados a Cristo. Ese es un vínculo por encima de todos los demás y, debido a eso, los miembros de una iglesia deben mantenerse los unos de los otros y cuidarse entre sí. Lo hacemos, en última instancia, por amor a Jesús, considerándonos mutuamente como objeto de su gran amor.

EN LA SALUD Y EN LA ENFERMEDAD

Uno comprende todas estas verdades bíblicas con respecto a la familia carnal y a la familia eclesiástica cuando sufre una enfermedad grave: es entonces cuando se valora a todos aquellos nos rodean y nos aman.

Ya hemos señalado varias fechas destacadas en nuestra historia. Aquí va otra más: el 23 de mayo de 1998. El día de nuestra boda.

¡Y qué glorioso día fue!

No empezó de manera especialmente gloriosa, sobre todo en términos meteorológicos. Sin embargo, justo a tiempo, el cielo quedó despejado y brilló el sol. En el clímax de la ceremonia, en medio de esas maravillosas promesas de «repita conmigo», prometí que apoyaría a Christy en la salud y en la enfermedad, y luego ella me hizo la misma promesa. Y lo creía sinceramente, igual que yo.

Sin embargo, qué ignorantes éramos.

El día en que me diagnosticaron el cáncer habían transcurrido exactamente once meses desde nuestra boda. De pronto, «en la salud y en la enfermedad» cobró un cariz completamente nuevo.

Cuando por fin llegó nuestro primer aniversario alrededor de un mes después, adquirió una dimensión memorable de una manera completamente inesperada. ¡El hecho de que esa noche hubiera una tormenta terrible no hizo más que acrecentar lo memorable del momento! De camino al elegante restaurante que habíamos reservado, hicimos todo lo posible por espantar nuestros miedos y demostrar nuestra gratitud por el tiempo que se nos había dado como marido y mujer. Incapaz de llevar el automóvil al tener las piernas inmovilizadas, ocupé el asiento del copiloto, reclinado para contemplar los rayos que iluminaban el cielo. Fue otro de esos momentos en los que sentimos una angustiosa discrepancia entre las expectativas que habíamos acariciado antaño y la realidad que habíamos acabado viviendo.

Aun desde el punto de vista gastronómico fue una experiencia agridulce. Ahí estábamos, en nuestro primer aniversario de boda, en un elegante restaurante... con la sospecha de que ninguno de los platos de la carta me sabría bien debido a mi maltrecho paladar. ¡Maldita quimioterapia! (No quiero ni imaginarme la reacción del camarero si hubiera pedido una cerveza de raíz con un plato de arroz con leche). Christy y yo no habíamos imaginado ni de lejos que celebraríamos el primer año de nuestra vida juntos en semejantes circunstancias. Sin embargo, al menos teníamos eso —una *vida* juntos—, y nos mostrábamos agradecidos por ello.

A medida que fueron pasando los meses, Christy y yo aprendimos que no solo es el enfermo de cáncer quien lleva la carga, sino que el cónyuge también la comparte. En cierta manera, su carga era más pesada que la mía, puesto que era en gran medida invisible. Yo era el gordo calvo que se movía aparatosamente, pero Christy seguía igual. Lo que los demás no podían ver eran los miedos que ella tenía que soportar, junto con las tareas adicionales que debía llevar sobre los hombros debido a mi estado. Para colmo, tal como he señalado anteriormente, tenía que soportar los cambios de humor que me producía la medicación. Estuvo a mi lado en la salud y en la enfermedad... y en el trastorno (mío) de identidad.

A consecuencia de ello, Christy es mucho más sensible a la situación del cónyuge cuando alguien enferma. En varias ocasiones, cuando hemos sabido de un amigo o un familiar al que se le ha diagnosticado cáncer, ha intentado animar al cónyuge diciéndole: «No dejes que las cargas emocionales que vas a soportar te tomen por sorpresa. No te sorprendas cuando la persona a la que amas prácticamente desparezca en términos de personalidad debido a su quimioterapia. No te avergüences de aceptar los ofrecimientos de ayuda de los demás. Es más, que no te avergüence pedir ayuda sin esperar a que te hagan esos ofrecimientos».

Nuestra experiencia con el cáncer tuvo el efecto de corroborar el sabio consejo que recibimos antes de comprometernos. En aquel entonces, cuando nos preguntábamos si debíamos casarnos, nos vimos acosados por innumerables preguntas con respecto a nuestro futuro: ¿dónde viviríamos? ¿Dónde serviría como pastor? ¿Quería realmente Christy ser la esposa de un pastor antes de nada?

Un amigo sabio señaló que, aun cuando era completamente apropiado considerar el futuro y anticipar lo que la vida podía depararnos, en última instancia solo había una pregunta que responder: ¿nos amábamos el uno al otro? Esto es, ¿nos amábamos lo suficiente para unirnos como marido y mujer y comprometernos así a compartir todo lo que la providencia de Dios nos tuviera reservado? ¿Estábamos dispuestos a convertir nuestras dos vidas en una sola compartida con toda su incertidumbre?

Recordemos ese proverbio: «Muchos pensamientos hay en el corazón del hombre; mas el consejo de Jehová permanecerá» (Proverbios 19:21). Cuando dos personas se casan pueden tener toda clase de planes, pero la cuestión fundamental es la siguiente: ¿viajarán juntos por el camino de la vida, suceda lo que suceda, en el gozo y en la aflicción? No pueden saber de antemano cuáles serán esos gozos y esas aflicciones, ni cuándo se producirán. Puede que vean cómo la mayoría de sus planes se cumplen. O puede que descubran que uno de ellos tiene cáncer once meses después del día de su boda... si es que no antes. Y entonces todo cambia. Antes de comprometernos, Christy dudaba de si quería ser la esposa de un pastor. Lo que no sabía entonces —ciertamente, lo que no podía saber— era que primero habría de convertirse en la esposa de un enfermo de cáncer.

En mi trabajo como pastor he tenido oportunidad de aconsejar a varias parejas en los prolegómenos del día de su boda, y luego ejercer de ministro en la ceremonia. Cuando hacen sus promesas les pido que se digan «en la salud y en la enfermedad» mutuamente, y así lo hacen. Ahora conozco con más certidumbre lo que esa promesa significa que en el día de nuestra boda. En mi cursillo prematrimonial insisto en eso, y en explicarles por qué.

GRANDEMENTE AMADO

Christy no era la única que se mantuvo a mi lado en la salud y en la enfermedad. Teníamos además a toda una congregación y un ejército de amigos y familiares que también lo hacían.

No me atrevo siquiera a dejar constancia plena de las formas en que los demás cuidaron generosamente de Christy y de mí durante nuestra experiencia. ¡Si lo hiciera, este capítulo se convertiría rápidamente en uno de esos discursos atropellados que se ofrecen al recoger la estatuilla en los Óscar, y en los que los galardonados empiezan a enumerar los nombres de aquellos a los que desean expresar su agradecimiento y quedan interrumpidos por la orquesta, a medio camino, cuando ni siquiera han mencionado aún a ese maestro de secundaria que me enseñó deletrear con la condición de que me esforzara lo suficiente! Hubo demasiadas personas que nos sirvieron, y de demasiadas maneras, como para mencionarlos a todos. Si has pasado alguna vez por una experiencia como la nuestra, sabrás a lo que me refiero.

Aun con todo, mencionaré dos ejemplos del servicio que se nos dispensó. En primer lugar, un compañero del seminario me envió grabaciones en audio y notas de las clases que me vi obligado a perder tras mi diagnóstico. En segundo lugar, varios miembros de nuestra congregación se acercaron un día a limpiar nuestro apartamento de arriba abajo, eximiendo a Christy de la responsabilidad de tener que hacerlo ella sola. Lo que destaca de esos dos ejemplos es que, en ambos casos, quienes se preocuparon por nosotros no esperaron a que les pidiéramos ayuda. Acudieron con propuestas concretas e intentaron llevarlas a cabo por su cuenta. Por medio de su ejemplo, esos amigos nos enseñaron una valiosa lección: aunque hay ocasiones en las que solo se puede decir «dime si necesitas que haga algo», hay otras veces en que se requiere una actitud más voluntariosa. En lugar de «dime si hay algo que pueda hacer», intenta con «dime en qué te gustaría que te sirviera». Christy y yo aprendimos el valor de que otros ofrezcan una ayuda concreta sin esperar a que quienes la necesitan la pidan.

En resumen, el llamamiento a «permitir que los demás ocupen un lugar de servicio en nuestras vidas» nunca nos pareció tan real como entonces. Es indudable que las personas sienten de forma instintiva el deseo de responsabilizarse de sus propias necesidades. Pablo llega a instar a los tesalonicenses a esforzarse tanto que se conduzcan honradamente para con los de afuera, y no tengan necesidad de nada (1 Tesalonicenses 4:12). Sin embargo, hay ocasiones en que el instinto debe plegarse a la realidad de que necesitamos que otros se impliquen y hagan cosas de las que, en circunstancias normales, nos encargaríamos nosotros mismos. Vivir en la negación práctica de esa realidad, insistiendo en tales momentos en que podemos arreglárnoslas solos, es vivir negando al Señor mismo. Tengamos en cuenta que es él quien nos pone en una situación de verdadera necesidad, y que es él quien nos rodea de los que están deseosos de ayudarnos.

Y así, Christy y yo aprendimos a permitir que otros nos sirvieran, y eso de mil maneras. Enviaban apuntes del seminario, limpiaban nuestro apartamento, nos proporcionaban comidas, me llevaban a mis citas con el médico, llamaban, escribían y visitaban, me traían cervezas de importación al hospital. Y la enumeración podría seguir indefinidamente, pero creo que empiezo a oír los primeros compases de la orquesta.

DISFRUTAR DE LA COMPAÑÍA DE CRISTO

Escribo estas cosas con la plena conciencia de que hay muchos que se enfrentan a las pruebas sin las abundantes bendiciones de la familia y la iglesia que nosotros disfrutamos. Algunos sufren casi en solitario.

Cuando tal es la situación, ¿por dónde empezar?

Hay que empezar por aquí: no sufras sin la compañía de Cristo.

Recordarás a Samuel Rutherford, aquel pastor escocés del siglo XVII. Aquí tenemos lo que escribió en otra carta a la misma mujer que conocimos en el capítulo 5, en un tiempo en el que ella se sentía aislada en medio de las pruebas:

> Querida y digna mujer, luche y venza en la fortaleza de Cristo. Ahora se encuentra sola, pero, si las busca, puede disponer de tres personas siempre en su compañía: el Padre, el Hijo y el Espíritu Santo. Confío en que estén cerca de usted[1].

La cuestión es que, en última instancia, aquel que deposita su fe en Cristo nunca estará solo. En Cristo tenemos la siguiente promesa: «No te desampararé, ni te dejaré» (Hebreos 13:5). El Dios trino de la Biblia permanece con el que confía en él. El creyente cuenta siempre con el ministerio consolador y transformador del Espíritu, y siempre puede aferrarse a las verdades y las promesas de la Palabra. Empecemos por aquí: caminemos con Cristo, hablemos con él en oración, aprendamos de su Palabra, contemos con sus promesas y anhelemos su Cielo.

Y entonces, confiando en Cristo, aprovechemos todo lo posible la comunión de los santos en la Iglesia de Cristo. Si eres un recién llegado a la fe en Cristo desde fuera de una iglesia, debes unirte a una congregación de su pueblo. En oposición al espíritu de nuestra época, el discipulado sin la membresía (esto es, la membresía eclesiástica) no es una alternativa bíblica. Y, como miembro del cuerpo —ya sea nuevo en Cristo o un discípulo veterano—, aprende a ver a los miembros de tu iglesia como hermanos y hermanas en el Señor. Considéralos personas a las que te hallas vinculado sobrenaturalmente por medio del Espíritu (puesto que eso es lo que son), y trátalos con un amor abnegado. Aprende a ver más allá de las similitudes y diferencias físicas y ama a los demás por causa de Jesús. No te excuses diciendo: «Bueno, tu iglesia suena muy bien, pero no veo tanto amor en la mía». ¿No? Bien, intenta este enfoque: «Que haya amor práctico en la congregación a la que pertenezco... ¡y que empiece por mí!». En otras palabras, si quieres fomentar un servicio tangible entre los miembros de tu iglesia, simplemente hazlo.

Por ejemplo, ¿eres el que sufre solo, sin que tus pruebas y tus necesidades sean conocidas para otros miembros de la iglesia? Puede que debas ser tú quien dé el primer paso. Puede que tengas que tomar la iniciativa y relatar tus necesidades a los demás antes de que pregunten, y luego pedirles que te ayuden de formas concretas antes de que se ofrezcan. Recuerda: tu deber —y, ciertamente, tu privilegio— es permitir que otros te sirvan. Escucha de nuevo al apóstol Pablo: «Sobrellevad los unos las cargas de los otros, y cumplid así la ley de Cristo» (Gálatas 6:2). ¿Negarás a tus hermanos y tus hermanas en Cristo la oportunidad de satisfacer su ley? No, llevar a hombros tus cargas en silencio y a solas no tiene nada de heroico, nada de admirable, si ese peso es manifiestamente excesivo para acarrearlo por tu propia cuenta.

¿O eres aquel que ha advertido las necesidades de otro? No esperes, entonces, que te pida ayuda. Ofrécete y sírvele. Y, si algún miembro de tu congregación está luchando contra el cáncer, piensa en acudir a él y servirle en los meses posteriores a su diagnóstico. Puede que, para entonces, haya pasado a un segundo plano en las mentes de los demás. Puede que, para ese momento, el chorro de cartas, visitas y llamadas telefónicas haya menguado considerablemente. Ese es un gran momento para mostrarle cómo es Dios, el Dios que promete no dejar ni desamparar jamás.

En resumen, hay una dación fiel y una recepción fiel. Dedícate a ambas.

PREDICAR Y ESCUCHAR

Existe otro aspecto más de la vida eclesiástica que debemos considerar en lo referente al sufrimiento: el Señor utiliza la predicación fiel para moldear las mentes y los corazones de su pueblo cuando se sientan a escuchar la predicación domingo tras domingo.

Cristo, la Cabeza de la Iglesia, proveyó para nuestra instrucción continuada en las verdades del evangelio:

> «Y él mismo constituyó a unos, apóstoles; a otros, profetas; a otros, evangelistas; a otros, pastores y maestros, a fin de perfeccionar a los santos para la obra del ministerio, para la edificación del cuerpo de Cristo, hasta que todos lleguemos a la unidad de la fe y del conocimiento del Hijo de Dios, a un varón perfecto, a la medida de la estatura de la plenitud de Cristo; para que ya no seamos niños fluctuantes, llevados por doquiera de todo viento de doctrina, por estratagema de hombres que para engañar emplean con astucia las artimañas del error» (Efesios 4:11-14).

Desde los tiempos de los apóstoles, Cristo les ha encomendado a algunos la responsabilidad oficial de proclamar la Palabra de Dios al pueblo de él. Esta es otra forma en la que se ha asegurado de que ningún cristiano tenga que avanzar a solas. Necesitamos que se nos recuerde regularmente la gracia y la gloria de

Dios, y los pastores fieles hacen precisamente eso al predicar desde el púlpito y enseñarnos en otros contextos. Qué valiosos son esos recordatorios en un mundo de sufrimiento. En momentos de aflicción, debemos aferrarnos a la bondad, la sabiduría y el poder de Dios, y los ministros deben presentar esas mismas verdades ante nuestros corazones cuando declaren todo el consejo de Dios.

Esta es otra de las lecciones que he aprendido por experiencia. Esto es mi experiencia como oyente de sermones.

Cuando descubrí en abril de 1999 que tenía cáncer, había sido miembro de la New Hope Presbyterian Church durante unos cinco años. Si contamos desde el primer domingo que la visité, fueron casi seis años. Semana a semana durante esos seis años, David Coffin, el pastor de la congregación, proclamó firme y fielmente la Palabra de Dios desde el púlpito. Una y otra vez nos enseñó, basándose en las Escrituras, con respecto a la soberanía integral y las valiosas promesas de Dios. De diferentes maneras y con distintas palabras nos educó en lo tocante a las pruebas, recordándonos que Dios obra todo lo que sucede para su gloria propia y el bien de su pueblo, animándonos con la idea de que ninguna prueba vence definitivamente al evangelio, puesto que la muerte misma —la última prueba— se convierte en la puerta de acceso del cristiano a la gloria. Nos enseñaba semana tras semana.

Y no solo por medio de sermones, sino que también lo hacía en los debates acerca del sermón que dirigía tras la adoración. Y también en las sobremesas en su salón, donde yo lo acosaba con un aluvión de preguntas acerca de la Biblia y de teología, mientras él intentaba responder a cada una de ellas con paciencia. Y también en las conversaciones telefónicas, y en el automóvil. Casi seis años de sermones y conversaciones, preguntas y respuestas, correcciones y ánimos. Semana tras semana.

Lo que ninguno de nosotros entendió es que, durante todo ese tiempo, Dave me estaba preparando para el día en que yo descubriera que tenía cáncer.

Por supuesto, nadie sabía lo que me deparaba el futuro. Nadie sabía en 1993 lo que descubriría el 23 de abril de 1999. Sin embargo, en retrospectiva, veo que el Señor utilizó el ministerio firme, fiel y veraz de Dave durante todo ese tiempo para llenar mi corazón y mi mente con las mismas realidades del evangelio que me sostendrían cuando aparecieran en pantalla las imágenes de la IRM.

Aquí hay una lección importante para todo cristiano, puesto que todos nosotros somos oyentes de sermones. En resumen, deberíamos ver nuestra relación con la predicación como algo vitalicio. No hay duda de que es bueno pensar cada domingo en cómo la verdad que hemos escuchado ese día afectará a nuestras vidas de inmediato, pero las cosas van más allá de eso. Cada uno de nosotros debiera estar haciendo acopio de abundantes convicciones bíblicas a lo largo de nuestras respectivas vidas. Puede que, más adelante, esas convicciones nos sirvan de maneras que jamás habríamos esperado.

Recordemos todos nosotros el buen consejo que proporciona el Catecismo mayor de Westminster en lo tocante a la escucha de sermones:

> *Pregunta 160:* ¿Qué se requiere de aquellos que oyen la palabra predicada?
>
> *Respuesta:* De aquellos que oyen la palabra predicada se requiere que la atiendan con diligencia, preparación, y oración; que comprueben lo que oyen con las Escrituras y que reciban la verdad con fe, amor, mansedumbre, y prontitud de ánimo, como la Palabra de Dios; meditando y conferenciando sobre ella, guardándola en el corazón, y manifestando los frutos de ella en la vida.

Advirtamos la expresión «guardándola en el corazón». La vida cristiana es, entre otras cosas, de principio a fin una vida de escucha de sermones, y es vital que nos aferremos a la verdad oída. ¿Quién sabe las circunstancias que atravesaremos en que las cosas que hemos atesorado deban dar fruto?

Esta es una de las razones —y hay muchísimas más— por las que los jóvenes de una congregación deben estar presentes y prestar atención a los sermones cumplida ya una edad prudente. Han de estar ahí, escuchando y aprendiendo lo mejor que puedan, aun cuando, a primera vista, el tema del sermón no parezca guardar relación alguna con su edad. En primer lugar, esa es una falsa apariencia. A fin de cuentas, en toda exposición fiel de la Palabra hay principios que hablan a todo discípulo, ya sea joven o anciano. En segundo lugar, los niños deben escuchar y aprender porque nunca son demasiado jóvenes para atesorar la verdad de Dios. Ningún discípulo es demasiado joven para empezar a guardar la verdad en el corazón. Quizá cuando tenga veintiocho años —o puede que antes— descubra que tiene un cáncer. Ese no es el momento para empezar a pensar en la bondad, la sabiduría y el poder de Dios. Será mucho mejor para él que esas verdades ya estén profundamente arraigadas en su corazón merced a los años de escucha de una predicación fiel.

Advirtamos que aquí hay también una lección importante para los predicadores. No caigas en la trampa de pensar que el fruto de tu ministerio está limitado al impacto de tu sermón el día en que lo predicas. Por supuesto, es maravilloso cuando un sermón impacta a una persona «al momento», y afecta y moldea claramente su forma de pensar y cambia su vida a partir de ese momento. Ciertamente, hubo domingos en los que el Señor utilizó la predicación de Dave para llamar mi atención de esa forma.

En ocasiones, a Dios le complace conceder esa clase de poder a las palabras del predicador. ¡De hecho, en ocasiones es al predicador mismo a quien le afectan sus propias palabras! Sin embargo, la lección es esta: la predicación tiene un fruto que trasciende los casos esporádicos de impacto directo.

La idea de que un sermón solo es eficaz en la medida en que

produzca un efecto en el momento de ser predicado puede llevar al orador a intentar predicar sermones demasiado perspicaces, alambicados y efectistas. Sucumbe a la tentación de intentar —y lo acomete agotadoramente semana tras semana— sacar un conejo de la chistera en cada exposición de la Escritura. Y entonces, como si acabara de participar un en concurso de talentos televisivos (*Ídolos de la predicación*, podría ser), aguarda a que los miembros de la congregación se le acerquen tras el culto para puntuarle. Los elogios le encantan, y le llevan a concluir: «Mi ministerio ha sido fructífero». Las críticas le hunden, lo que le lleva a tomar esta determinación: «He fracasado; tendré que esforzarme mucho más para que surta efecto la semana que viene». ¡Un ídolo, sin duda!

En la actualidad, los ministros se enfrentan a esa presión de conseguir que sus sermones tengan inmediatez. Naturalmente, la inmediatez es algo legítimo. Las verdades de la Biblia tienen el propósito de modelar nuestras vidas, y cualquier ministerio que las trate como meras abstracciones, sin aplicarlas ni dirigirlas a quienes viven en este mundo, no será un verdadero ministerio bíblico. De modo que tengamos inmediatez. Sin embargo, el peligro que corremos es el de tener una idea demasiado limitada de lo que debe parecer la predicación inmediata. La cuestión es que, a largo plazo, para un ministerio de predicación es sumamente práctico verter una corriente continua de verdad bíblica sobre las mentes y los corazones de la congregación. Con la bendición del Señor mediante, tal predicación prepara a los cristianos para el futuro además de armarlos para el presente. En ocasiones, se dice que el ministerio debe buscar en su sermón salir al encuentro de las personas allá donde se encuentran. Y, por supuesto, esa es una noble aspiración, pero la tarea del ministro también es preparar a las personas para el punto donde se encontrarán en un futuro. No, es incapaz de saber con exactitud por dónde discurrirán sus caminos, pero sí sabe que las verdades de la Escritura son vitales para prepararlos en previsión de cualquier circunstancia. Que les administre, pues, una dieta continua de esas verdades. Pensemos en ello de esta forma: ¡el predicador fiel contribuye a fomentar la preparación para las emergencias espirituales! Hace años aprendí esa experiencia como enfermo de cáncer, y oro por no olvidarla ahora que he llegado a ser predicador.

Compañero en el ministerio, ¿has olvidado esta lección? ¿Se limita tu visión del ministerio al domingo siguiente? ¿Tu idea de un ministerio fructífero está únicamente determinada por los comentarios que recibes justo después del culto? ¿Impresionar a los oyentes de tu predicación se ha convertido en tu meta, aun de forma inconsciente? Si es así, ha llegado el momento de cambiar tus metas; busca alimentarlos para toda una vida en lugar de impresionarlos en el momento. Sí, es una labor difícil que requiere humildad y paciencia año tras año, pero el gran Pastor concede gracia a sus siervos precisamente a tal efecto. Míralo y no lo olvides: fue él quien nos proporcionó la enseñanza para que llegáramos a la unidad de la fe y del conocimiento del Hijo de Dios, a un varón perfecto, a la medida de la estatura de la plenitud de Cristo (Efesios 4:13). Puesto que él mismo dispuso la predicación para ese fin, puedes contar con él para que te sostenga en tu búsqueda de fidelidad.

Cristo dijo a su pueblo: «Nunca caminarás solo», y prometió, por encima de todo, mantener su presencia entre nosotros e instituyó la figura de los pastores en la Iglesia para proclamar tal cosa y ejemplificarlo a un tiempo. Que el trabajo de quienes predican sea digno de tan elevado llamamiento, y que todos los que escuchen crean la Palabra del Salvador. Y que nosotros lo hagamos durante el tiempo que el Señor nos ha otorgado. Semana tras semana.

[1] Rutherford: *Letters*, p. 52.

Tercera parte: Vida

CAPÍTULO 7

Tercer acto: desde entonces

Cuando dejamos nuestra historia al final del segundo acto, acababa de pasar por el que resultaría ser mi último tratamiento oncológico, aunque por aquel entonces no lo supiéramos. En ese momento seguíamos experimentando ciertas dudas con respecto a posibles tratamientos adicionales o alguna recaída.

Por suerte, ninguno de esos temores llegó a materializarse.

LA EMOCIÓN DE LA VICTORIA

Lo mejor de todo es que derrotamos el cáncer. Tal como he mencionado anteriormente, las pruebas en un momento tan temprano como septiembre daban a entender que el cáncer había desaparecido. Las siguientes pruebas de enero arrojaron el mismo resultado: ya no había cáncer.

Sin embargo, sabíamos que «no hay cáncer *ahora*» no implica forzosamente «no habrá cáncer *nunca*». Seguía existiendo la posibilidad de una reaparición. También sabíamos que, cuando el cáncer vuelve, puede hacerlo de manera menos susceptible de ser tratada. Por eso mi oncólogo no quería dejar nada al azar: deseaba tomar en consideración cualquier paso adicional que mereciera la pena dar en mi caso. Eso significaba mandarnos a otros expertos para que nos aconsejaran.

Si uno desea obtener asesoramiento profesional en lo tocante al cáncer, puede acudir a varios lugares de la costa este. Uno de ellos es el Memorial Sloan-Kettering Cancer Center, en Manhattan, Nueva York, que es donde acabamos yendo. Uno de los doctores del centro aceptó revisar mi historial médico y hablar con nosotros de posibles tratamientos adicionales. Concretamente, deseábamos que nos explicara un procedimiento denominado trasplante de médula ósea (TMO, si alguien quiere un acrónimo adicional). Este es un procedimiento en el que se bombardea el cuerpo con una quimioterapia «extrafuerte», en dosis tan potentes que destruye la médula ósea, de tal manera que se reemplaza posteriormente por la médula de un donante o del propio organismo tras haber sido extraída con anterioridad. La pregunta era: ¿tenía sentido apostar por ese procedimiento para reducir las posibilidades de una reaparición?

La perspectiva de un trasplante de médula ósea no nos entusiasmaba especialmente. El tratamiento no solo sería más penoso que todos los que había soportado hasta la fecha, sino que el período de recuperación también sería prolongado: estaría de baja durante semanas, si no meses.

En aquel momento cursaba mi último semestre en el seminario, con una graduación en mayo en el horizonte, pero si daba ese paso tendría que aplazarlo todo. Aun con todo, tomamos la determinación de que si el doctor del Sloan-Kettering nos aconsejaba el tratamiento, estaríamos dispuestos a ello. Con todo eso en mente, hicimos las maletas y nos dirigimos a Nueva York.

Teníamos cita el lunes 13 de marzo. Al llegar al centro tuvimos que cumplir con ciertos preliminares: registrarse, esperar, someterse a pruebas sanguíneas, esperar, celebrar entrevistas preliminares y más espera. Mientras tanto, entre bambalinas, nuestro doctor andaba examinando mi historia, todo, desde las placas de IRM hasta los análisis de sangre, pasando por los informes escritos.

Después de todo ese tiempo de espera y expectación, cuando por fin nos reunimos con él, nos gustó lo que nos dijo. Nos gustó mucho, para ser precisos. No se limitó a darnos un consejo simplemente diciendo que no necesitaba someterme a ese tratamiento adicional, o que sería algo excesivo o erróneo. Utilizó un término mucho más elocuente. Dictaminó que sería *absurdo* que lo hiciera. ¡Bien, eso es lo que yo llamaría un consejo demoledor! En su opinión, basándose en la realidad factual de mi caso, simplemente no había motivos para que pasara por ese penoso proceso. Casi salimos bailando del hospital.

«Absurdo» se convirtió en mi nuevo vocablo favorito. «Absurdo» significaba que ya no habría más quimioterapia. «Absurdo» implicaba que ya no habría más preocupaciones con respecto a completar el semestre y graduarme. «Absurdo» suponía tiempo para volver a la vida normal. Reconozco que, aun después de aquella consulta en marzo, seguíamos albergando ciertos temores con respecto a la reaparición del cáncer. Sin embargo, aun reconociendo esas dudas, esto era lo más cerca que habíamos estado de sentir que nuestro viaje con el cáncer tocaba a su fin, casi once meses después de que empezara. Por fin teníamos una nueva fecha que recordar. El 13 de marzo de 2000, una fecha que pervivirá como un triunfo en nuestra memoria.

VUELTA A LA NORMALIDAD

También puedo decir que, después de todos esos meses caminando ayudado de un bastón, de tropezar y hacer ejercicio, de dudar y orar, por fin recuperé la movilidad de las piernas.

Sin prisa pero sin pausa, desde finales del verano y a lo largo del otoño de 1999, empecé a notar una mejoría al caminar. Poco a poco, mi dependencia del bastón fue reduciéndose y empecé andar más seguro de mí mismo. Para el primer domingo de diciembre pude prescindir del bastón de forma definitiva.

Y luego, un sábado posterior durante ese mismo mes, volví a jugar al tenis por primera vez. Diciembre no es un mes muy habitual para salir a jugar al tenis, pero aquel sábado era lo suficientemente cálido y yo estaba más que deseoso de hacerlo. Mis padres habían venido de visita para el fin de semana, por lo que los cuatro —papá, mamá, Christy yo, los mismos que habíamos ido al centro para someterme a una IRM aquel viernes de abril— nos encaminamos a las pistas municipales para que papá y yo pudiéramos jugar un partido.

No cabe duda de que no fue una demostración de tenis profesional al estilo del Abierto de EE. UU. Yo seguía moviéndome un poco como Frankenstein, y tampoco me echaba a la carrera para salvar un punto difícil. Sin embargo, tengo la certidumbre de que fue la sesión de tenis más maravillosa que haya jugado jamás en una pista. ¿Recuerda el lector los sueños recurrentes que tuve durante el verano y el otoño, aquellos en los que podía correr de nuevo? Mis sueños se hicieron realidad literalmente (a excepción de lo tocante a mi revés). Tenemos una instantánea de aquel día en que mi padre y yo aparecemos uno junto al otro sonriendo con sendas raquetas de tenis en la mano.

También recuperé otra de mis actividades favoritas: volví a la pista de baloncesto con algunos miembros de nuestra congregación. Y luego a las excursiones a pie con mi esposa. En enero, Christy y yo recorrimos algunos caminos nevados cerca de Charlottesville, en Virginia. El paisaje hubiera maravillado a cualquiera —un cuento de hadas invernal—, pero a mí me pareció más espectacular aún. Me resultaba pasmoso estar ahí, caminando con mis propias piernas.

Luego hubo otros cambios graduales. Mi peso fue volviendo a la normalidad, al igual que mi paladar. La pizza volvía a saber a pizza.

Y, como colofón, recuperé mi cabellera.

Curiosamente, cuando la recuperé, empezó a crecerme ondulada. Había oído rumores de que, a veces, cuando el pelo vuelve a crecer, cambia de aspecto, lo cual se confirmó en mi caso (a algunos hombres les queda bien el pelo ondulado; luego estamos los demás). Hasta advertí que tenía la raya al otro lado de la cabeza. Hete aquí, me había convertido en la imagen especular de mí mismo, a excepción del aspecto ondulado. Sin embargo, mi cabello acabó por alisarse y la raya volvió al lado derecho. Todo estaba en orden.

Y encima me quedan todos esos sombreros.

DESDE ENTONCES

¿Cómo se desarrolló nuestra historia desde aquel momento? Hay algunas otras fechas reseñables que cabe considerar hitos.

El 27 de mayo de 2000. Esa fue la fecha en que me gradué en el seminario. Nos costaba creer que hubiéramos alcanzado realmente ese hito teniendo en cuenta el año que le había precedido.

El 24 de septiembre de 2000. Esa fue la fecha en que fui ordenado pastor y me instalé en New Hope como primer pastor adjunto. Ahora serviría como pastor subalterno sobre ese rebaño que tanto nos había amado a Christy y a mí. El servicio pastoral me ha supuesto unas cuantas visitas hospitalarias a lo largo de los años. Estoy convencido de que —para bien o para mal— en los hospitales me siento como en casa debido a todo lo que tuve que pasar.

El 10 de mayo de 2004. Esa fue la fecha en que me sometí a mi última TEP. Lo había hecho una vez al año y en esta ocasión tampoco se apreciaron señales de cáncer. En aquel momento mi oncólogo me indicó que ya no era necesario someterme a más. Se acabaron esas pruebas.

En la actualidad, vuelvo a visitar a mi oncólogo dos veces al año. Hemos llegado a un punto en el que no tenemos que pasar mucho tiempo hablando de mi dolencia, puesto que en realidad no queda ya mucha dolencia de la que hablar. Sin embargo, es oportuno ir ocasionalmente y hacerme una prueba sanguínea por si acaso.

Cada vez que voy a una de esas citas, me veo en la sala de espera al lado de personas a las que les queda mucho de lo que hablar con el oncólogo; son aquellos que aún se encuentran en medio de la tormenta. Hay pacientes debilitados que se apoyan en un bastón. Hay amigos y familiares que los acompañan, también debilitados y postrados a su manera, aunque no se advierta a simple vista. Me veo inmerso en un mundo al que pertenecí durante un tiempo, pero con la sensación de que ya no es mi sitio. Siento la extraña tensión de la vida en medio de la muerte. El Señor se complació en salvar mi vida.

El 5 de diciembre de 2004. Esa fue la fecha en que nacieron Henry Fisher Wolfe y Philip Campbell Wolfe. El 27 de junio de 2006. Esa fue la fecha de nacimiento de Charlotte Lillian Wolfe. A veces pasan cosas buenas en los hospitales.

Por supuesto, el nacimiento de cualquier hijo es algo asombroso. Sin embargo, para Christy y para mí, fue más maravilloso aún. Y eso es porque, desde el día en que se me diagnosticó el cáncer, nuestros doctores nos informaron de la posibilidad de que la quimioterapia no solo acabara con el cáncer, sino también con mi capacidad de ser padre. La quimioterapia mata las células cancerosas, pero también mata otras células: las células reproductivas. Sin embargo, a Dios también le complació devolverme eso. Y ahora nos ha dado estos tres hijos. Ahora hay cinco discípulos en la familia Wolfe, y seguimos teniendo la esperanza de que alguno de nuestros hijos tenga buen oído musical.

RECUERDOS

En la actualidad estoy rodeado de indicios y recuerdos de lo que me pasó entre el año 1999 y el 2000.

Algunos de ellos son de índole física. Sigo teniendo cicatrices; las huellas del cáncer en mi cuerpo. No, ya no hay nada tan visible como para asustar a los niños del barrio, pero sé que están ahí.

Además, sigo teniendo el bastón. Hace poco, lo coloqué sobre el dintel de la puerta de mi despacho. No suelo prestarle mucha atención, puesto que la mayor parte del tiempo queda fuera de mi ángulo de visión. Sin embargo, sí que lo atisbo de vez en cuando, y entonces recuerdo el lugar en que estuve y lo que el Señor se complació en devolverme.

Últimamente ese bastón llama la atención de mis hijos, que lo consideran un juguete. Suelen pedirme que se lo baje para que puedan jugar con él. Como cabe imaginar, eso es un verdadero espectáculo para un padre. Si el bastón me recuerda por sí solo lo que el Señor se complació en restituir, verlo en manos de mis hijos lo hace de manera más intensa aún. Esa visión lo sintetiza todo: la vida salvada, la vida restituida y la nueva vida concedida.

En parte, ese bastón les interesa porque han visto la foto que conservo en un estante al lado en la que me apoyo en él con la mano derecha. Es una foto tomada en agosto de 1999. ¡La primera vez que vio la foto, uno de mis hijos preguntó si era del abuelo! Ahora saben que es una foto de papá cuando estuvo enfermo hace muchos años.

Lo maravilloso de esa foto es que comparte marco con otra más. A la izquierda está esa foto de mí, bastón en mano, en agosto de 1999. Y a la derecha hay una foto muy distinta: una imagen de Christy, Henry, Philip y yo con fecha del 3 de abril de 2005, el día del bautizo de los niños. Ese marco, con esas dos fotos, fue un regalo de Christy con motivo de mi primer Día del Padre. Pidió que le hicieran una inscripción: «*Soli Deo Gloria*», solo a Dios la gloria.

Algunos de los recuerdos de mi experiencia con el cáncer están en papel. Descubrí una caja polvorienta en un estante del garaje que contenía una verdadera mina de oro de recuerdos relacionados con el cáncer entre una pila de antiguos documentos.

En primer lugar, esa caja contenía todos mis viejos informes médicos. No soy médico, ni tampoco interpreto a uno en televisión, pero hasta yo puedo entender gran parte de esos informes.

23 de abril de 1999, informe del radiólogo: «Esto es maligno».

28 de abril de 1999, informe patológico: «Los resultados coinciden bastante con un linfoma no Hodgkin».

29 de septiembre de 1999, informe de la TEP: «No se aprecian síntomas anormales de absorción en la columna vertebral o en todo el cuerpo que den a entender la existencia de un linfoma».

1 de octubre de 1999, informe del oncólogo: «El paciente pasa ahora a radioterapia».

Y así se va desarrollando la historia en términos médicos.

En segundo lugar, esa caja contenía copias de todos los correos electrónicos que Christy y yo enviamos a amigos y familiares a fin de mantenerlos informados de nuestra ordalía. Señalan los hitos de nuestro viaje de una forma en que los informes médicos no pueden hacer.

14 de julio de 1999: «Seguimos esperando y orando en lo referente a la recuperación de las funciones neurológicas de Paul».

23 de julio de 1999: «En cuanto haya superado la neumonía, podrá volver al régimen de quimioterapia, y luego de radioterapia, que ha quedado interrumpido por aquella».

12 de agosto de 1999: «Ahora mismo está completamente en el aire que Paul retome sus estudios en el Seminario de Westminster durante el otoño».

30 de agosto de 1999: «El pasado viernes, el 27 de abril, tuvimos nuestra sexta y última sesión de quimioterapia... así que todos esos desagradables productos químicos son cosa del pasado. ¡Hurra! Ahora toca ver la clase de pelo que tendré cuando me vuelva a crecer; me dicen que puede cambiar con respecto al que tenía antes, por lo que aguardo expectante. ¿Pelirrojo y rizado quizá?».

9 de diciembre de 1999. «Además, esta semana he empezado a intentar vivir "una vida sin bastón". Aún me cuesta andar con desenvoltura, pero confío en que podamos mandar el bastón al desván a partir de ahora».

1 de marzo de 2000. «Una pequeña noticia: por fin hemos

conseguido cerrar una cita con un especialista en cáncer de Nueva York (en el Sloan Kettering Cancer Center)...».

14 de marzo de 2000: «Acabamos de volver del viaje a Nueva York que mencioné, y tenemos noticias».

En tercer lugar, esa caja en el garaje contenía todas las cartas y tarjetas que me deseaban una pronta recuperación. No nos desprendimos de ellas y me alegro de que no lo hiciéramos. Aun después de todos estos años guardadas en una caja en el garaje, esas cartas y tarjetas siguen despidiendo la dulce fragancia del amor cristiano y la certidumbre del evangelio.

27 de abril de 1999. «Querido Paul: Tu Salvador os está conduciendo a ti y a Christy por las aguas más profundas, y os está pidiendo que le encomendéis vuestras vidas. ¿Qué otra cosa puedes hacer, querido amigo? Esta oscura providencia ha sido motivo de consternación para todos nosotros, y clamamos por vosotros. Sin embargo, solo nuestro Hermano mayor entiende tus sufrimientos, y a través de ellos te está llevando de un nivel de gloria a otro. Tenemos la vista siempre puesta en su misericordia».

1 de mayo de 1999: «Querido Paul: Acabo de enterarme esta semana de que tu dolor de espalda es algo mucho más grave. Seguiremos orando por ti y por Christy durante este tiempo de prueba al que vuestro Padre celestial os ha sometido. Tenemos la certidumbre de que este sufrimiento presente no se puede comparar con el eterno peso de gloria que tenemos reservado, y estamos seguros de que nada podrá separarnos del amor, el poder y la comunión de Jesucristo nuestro Señor».

3 de mayo de 1999: «Queridos Paul y Christy: Nos ha impresionado saber de la operación y el diagnóstico de Paul. Cada vez tengo más claro que no sabemos lo que nos depara el futuro, sino que tan solo conocemos a aquel que lo tiene en su mano. Sabemos que ambos estáis en su mano».

¿Oyes en esos fragmentos a mis amigos enseñarme las mismísimas lecciones que tanto deseo compartir contigo ahora?

Por último, esa caja contiene una copia del diario que me

senté a escribir a comienzos de abril de 2000, casi un año después de mi diagnóstico.

Sí, eso significa que empecé a escribir mi diario en un momento en el que, a grandes rasgos, nuestra batalla contra el cáncer ya había concluido. ¿Por qué no mantuve un diario durante nuestra batalla? Quería hacerlo, con todas mis fuerzas. A medida que lo íbamos experimentando tenía la conciencia de que debía anotar las cosas, documentar mis pensamientos e ir dejando constancia de mis recuerdos. Sin embargo, al final renuncié a ello. Estaba demasiado cansado, mental y emocionalmente, para acometer un proyecto de semejantes características. Algunos enfermos tienen la fortaleza para mantener un diario, pero yo no era uno de ellos. En lugar de ser una bendición, me habría parecido una carga adicional.

Sin embargo, en abril de 2000, cuando ya había escampado, cuando ya no me sentía tan fatigado, y mientras aún tenía esos pensamientos y recuerdos frescos, por fin me senté a dejar constancia de todo. Esas cincuenta y una páginas mecanografiadas a un solo espacio, han resultado ser de un valor incalculable para mí, al recordarme hasta hoy los acontecimientos y las emociones de nuestra experiencia.

Lo que me sorprende ahora es la forma en que esos cuatro conjuntos de documentos relatan la misma historia desde cuatro puntos de vista distintos. Mis informes médicos la narran desde la perspectiva de los doctores y las enfermeras que llevaban a cabo su labor profesional. Los correos electrónicos que enviamos, desde el punto de vista del paciente y su esposa. Las tarjetas con los deseos de una pronta recuperación cuentan la historia desde la perspectiva de quienes nos amaban y sufrían junto con nosotros. Y el diario que escribí recoge el ángulo de quien recapitulaba admirado ante lo que acababa de experimentar. Todos esos papeles juntos conforman la memoria de nuestra experiencia, que es la memoria de medicamentos y temores, de amor y gratitud.

En esa caja del garaje hay otro recuerdo más: mi permiso de

aparcamiento de discapacitado temporal. Tarjeta de estacionamiento para discapacitados de Virginia, número 1294380. Caduca en julio de 2004. Me habría durado cinco años.

Capítulo 8

Enfrentarse a la maldición

El 27 de octubre de 2004, los Boston Red Sox lograron acabar con la maldición de Bambino.

Cuenta la leyenda que los Red Sox no volvieron a ganar la World Series desde 1918 debido a una maldición que cayó sobre el equipo y sus pacientes y maltrechos seguidores. El dueño de los Red Sox, Harry Frazee, vendió a Babe Ruth (alias «el Bambino») a los New York Yankees en 1920 y, a partir de entonces, el equipo de Boston terminó cada temporada entre lágrimas... hasta que ganaron cuatro partidos seguidos contra los St. Louis Cardinals y conquistaron la World Series de 2004. Pacientes y maltrechos, sin duda: ¡la maldición de Bambino sobrevivió a la Unión Soviética durante más de una década!

Sorprendentemente, justo al año siguiente, los Chicago White Sox superaron su propia maldición, que había sido aún más longeva. Se cuenta que la incapacidad de los White Sox de ganar el campeonato de la World Series desde 1917 era achacable a un oscuro escándalo que jamás llegó a aclararse: ocho miembros de los White Sox quedaron apartados del equipo a finales de la temporada de 1920 por haber perdido el campeonato deliberadamente el año anterior. El escándalo, prosigue la historia, solo quedó superado en 2005, cuando los White Sox consiguieron su primera World Series en ochenta y ocho años tras derrotar a los Houston Astros.

En estos momentos (en el año 2009), los seguidores de los Chicago Cubs siguen esperando. Los Cubs no han ganado la World Series desde 1908. Ni siquiera han jugado en la World Series desde 1945. ¿Y por qué no? ¡Por la maldición de Billy Goat, por supuesto! En 1945, se expulsó a un hombre y su cabra de un partido de la World Series en el Wrigley Field de Chicago. Se cuenta que, airado, maldijo al equipo, y su maldición ha dejado los Cubs sin títulos desde entonces.

¿Qué tienen en mente los aficionados al deporte cuando se lamentan de las maldiciones o «males de ojo» que han privado a sus equipos de la gloria? ¡La mayoría bromea, pero algunos no! En resumen, culpan a algún poder invisible —ya sea personal o impersonal— de oponerse a su equipo, frustrar sus mayores esfuerzos y negarles la victoria última. A consecuencia de ello, los jugadores y los aficionados deben buscar alguna forma de romper el hechizo. Quizá haya algún «ser» que se deba aplacar, o algún conjuro que haya que recitar, o algún rito que se deba llevar a cabo... o algún acuerdo extradeportivo que haya que negociar. De otro modo, la desilusión seguirá instalada en sus corazones.

Es divertido, ¿no? Sí, cuando se trata de deportes. Sin embargo, pecaríamos de negligencia si descartáramos toda la categoría de «maldición» en su conjunto, como si no fuera más que una cuestión de conjeturas poco serias acerca de los fracasos en el campo de juego. Después de todo, la vida es frustrante y, a veces, descorazonadora. En esta vida hay angustias que pesan más sobre nuestros corazones que el fracaso de nuestro equipo favorito. La vida es así. Y, no solo eso, sino que cuando nos sinceramos reconocemos que somos incapaces de cambiarla. Sí, «una sola persona puede marcar la diferencia», pero aun las diferencias más maravillosas y duraderas que el ser humano pueda introducir no cambian la naturaleza humana en ningún sentido fundamental. No hay sortilegios, ritos o negociaciones mediante los que podamos hacer que la vida terrenal sea celestial. No podemos invocar ningún viento que disperse los nubarrones que sobrevuelan a la raza humana.

Por suerte, la Biblia afronta esas realidades. En la Escritura hallamos el diagnóstico: sí, la experiencia humana está sometida a una maldición. Esto es, la vida en este mundo se caracteriza ahora por las dificultades y las decepciones, y esto no es atribuible a la oposición inescrutable de alguna fuerza innombrable, sino a la sentencia justa de un Dios santo dictada contra una raza pecadora. Para empeorar las cosas, nuestras dificultades terrenales nos recuerdan que nos enfrentamos a un obstáculo mucho más serio, y que se debe resolver para poder disfrutar de la victoria última: la crisis con respecto a la culpa de nuestro pecado contra Dios. Todas estas son muy malas noticias. Sin embargo, la parte positiva es que la Escritura también nos ofrece la cura: Dios ha obrado en su gracia y su poder de tal forma que su pueblo quede liberado de este mundo de sufrimiento. Por medio de Jesucristo, Dios ha intervenido para revertir la maldición, y para hacerlo plenamente. Estas son muy buenas noticias. Esto es el evangelio.

ESTE DÍA NUBLADO

Consideremos la enseñanza de las Escrituras.

La creación, en su estado original, no tenía nada de frustrante ni de descorazonador. Recordemos que Dios consideró que todo era «bueno» una vez que lo hubo completado (Génesis 1:31). Sin embargo, el pecado lo cambió todo. En Génesis 3 leemos acerca de la primera rebelión de los primeros humanos contra el buen gobierno de Dios, así como sobre las consecuencias de aquella rebelión. De haber seguido obedeciendo a Dios, es indudable que su bienaventuranza se habría mantenido: habrían seguido deleitándose en Dios, y el uno del otro, cultivando juntos la maravillosa creación que les había encomendado, viviendo en el orden creado como un lugar hospitalario para su vida y su servicio. En lugar de eso, tras pecar, la desdicha se apoderaría de sus vidas. En Génesis 3:14-19, Dios se dirige personalmente a los diversos implicados en el primer pecado humano (Satanás el instigador, y luego Adán y Eva, los pecadores), y declara solemnemente que, a partir de entonces, la vida humana se caracterizará por el dolor, la frustración y la muerte.

El resto de la Biblia completa el retrato, tanto por medio de historias como de sermones. Las hambrunas obligan a los hombres a desplazarse de un lugar a otro con sus familias en busca de alimento (*cf.* Génesis 10, 26, 41-47). Toda una sociedad cae en una espiral de caos y corrupción, y esta es la de aquellos de los que se esperaba que fueran devotos de Dios (*cf.* Jueces). Una mujer piadosa y con espíritu de oración es incapaz de tener hijos y, además de eso, debe soportar la crueldad de otra mujer que tiene hijos y que la aflige (*cf.* 1 Samuel 1). Una torre cae en Jerusalén y mata a dieciocho personas, y no existe ninguna explicación sencilla de por qué murieron ellos y no otros (*cf.* Lucas 13). Hay numerosos ejemplos de esto. Y nuestra experiencia en este mundo confirma el testimonio bíblico. Matrimonios rotos, cuerpos rotos, corazones rotos, vidas rotas: la vida en este mundo se encuentra bajo un nubarrón, y la muerte, el último enemigo, siempre está a la espera, burlándose de nosotros de continuo.

Debido a lo incómodo que resulta considerar verdades como estas, tendemos a relegarlas al fondo de nuestras mentes. Tal como señaló Juan Calvino, recordamos la muerte inevitablemente de cuando en cuando (quizá oímos de la muerte de otra persona o hasta asistimos a un funeral), pero esas impresiones pueden ser fugaces:

> Reconozco que si vemos a un cuerpo recibir sepultura, o caminamos entre sepulcros, debido a la imagen de la muerte que tenemos ante los ojos, filosofamos con brillantez acerca de la vanidad de esta vida. Sin embargo, ni siquiera eso lo hacemos con rigor, puesto que, a menudo, tales cosas no nos afectan lo

> más mínimo. Sin embargo, cuando sí sucede, nuestra filosofía apenas dura un instante; se desvanece en cuanto nos damos la vuelta y no deja rastro alguno en nosotros. Al final, se evapora como el aplauso en un teatro por un espectáculo entretenido[1].

Aunque la conciencia que tenemos de nuestra mortalidad quizá se evapore, no sucede así con su realidad. Después de todo, las verdades que alejamos de nuestras mentes no dejan de ser ciertas por ello. Insoslayable, la muerte sigue siendo la culminación de todas las aflicciones de la vida.

Por supuesto, estas consecuencias terrenales palidecen en comparación con la consecuencia última del pecado humano: el hombre se encuentra ahora alienado de Dios. Tal como recuerda Pablo a los efesios, «éramos por naturaleza hijos de ira, lo mismo que los demás» (Efesios 2:3), y se incluye a sí mismo, en tiempos un judío devoto, en esa descripción. El doble sentido que da la Biblia al término «muerte» es elocuente: está la muerte *física*, que supone la desintegración de la persona humana, la separación de cuerpo y alma; y la muerte *espiritual*, la ruptura de la comunión Creador-criatura debido a que el hombre es pecado y Dios es santo (*cf.* Juan 11:25 y Apocalipsis 2:10-11 para ver estas dos acepciones de «muerte»). Cuando una persona considera la certidumbre de su propia muerte física y ve a otros enfrentarse a ella antes que él, se siente punzado apropiadamente por la idea del significado de la muerte física: la revelación de la ira de Dios contra el pecado humano y la perspectiva de la experiencia eterna de esa ira. En resumen, el hecho de que la vida en este mundo esté rota le recuerda la ruptura del ser humano con el Cielo, y que nada en este mundo tiene la capacidad de arreglarla. Los temores, las frustraciones y los fracasos de esta vida no son sino muestras de algo mucho más temible.

Tal es el estado de cosas de un ser humano sin el evangelio de Jesucristo. Afortunadamente, existe un evangelio de Jesucristo, pero la dimensión terrenal de la desdicha iniciada en Génesis 3 sigue siendo un hecho de la vida para creyentes e incrédulos por igual. Paradójicamente, la enseñanza de la Biblia con respecto a la caída y sus repercusiones nos ayuda a entender el triste estado en que se encuentra el mundo en la actualidad... incluyendo muchas circunstancias que parecen carecer de sentido alguno. Un estudiante se prepara diligentemente para su examen y suspende; el estudiante perezoso de al lado adivina todas las preguntas y aprueba. ¿Qué sentido tiene eso? Un conductor ebrio atropella y mata a un padre y esposo querido cuando apenas ha cumplido treinta años; un criminal vive hasta los noventa. ¿Cómo podemos explicarlo? «Todo esto he visto en los días de mi vanidad. Justo hay que perece por su justicia, y hay impío que por su maldad alarga sus días» (Eclesiastés 7:15). Las células del cuerpo de un hombre se cortocircuitan sin motivo aparente; otro hombre que vive, come y practica ejercicio igual que el primero sale indemne. ¿En qué se diferenciaban? Un terrorista detona una bomba en un restaurante y, en un momento, mueren decenas de personas, algunas de las cuales eran buenas en términos de virtud cívica, mientras que otros no lo eran, y la sangre del terrorista se entremezcla con ambas. A primera vista, parece como si tales acontecimientos carecieran de sentido, de orden.

Sin embargo, visto a la luz de la enseñanza de la Biblia con respecto al pecado y la maldición, al final sí que revelan un cierto sentido. Nos deja perfectamente claro que la vida debe seguir siendo tal como es debido al hecho de que la raza humana sigue rebelándose contra nuestro santo Creador. Si tenemos en cuenta la caída, ¿qué otra cosa cabría esperar más que un mundo lleno de frustraciones y fracasos, de caos y corrupción, de enfermedad e injusticia? Quizá no podamos explicar por qué una persona padece cáncer y no así su vecino, pero difícilmente cabe sorprenderse de que exista el cáncer en el mundo en un sentido general. No es raro ver la condición humana descrita en la literatura cristiana en términos de «pecado y desdicha», y ese tándem es profundamente bíblico. Si pensamos en el pecado y la sentencia justa de Dios contra él, ¿habrá de sorprendernos la desdicha, y aun la desdicha que nosotros mismos padecemos?

No es que la vida carezca por entero de bendiciones. En modo alguno: la vida misma es una bendición, y a Dios le complace proteger a sus criaturas y proveerlas de diversas maneras. Dice el salmista: «Él hace producir el heno para las bestias, y la hierba para el servicio del hombre, sacando el pan de la tierra, y el vino que alegra el corazón del hombre, el aceite que hace brillar el rostro, y el pan que sustenta la vida del hombre (Salmo 104:14-15). Sin embargo, debemos reconocer que las dificultades y las decepciones siguen impregnando nuestra experiencia, aun en sus mejores momentos. No es pesimismo, sino realismo.

Hay un momento de *Buenos días, Vietnam*, la película de 1987, que captura esta realidad de forma estremecedora. Adrian Cronauer, el pinchadiscos radiofónico que encarna Robin Williams, reproduce para sus oyentes una grabación de Louis Armstrong cantando *What a Wonderful World*. Armstrong canta acerca de árboles verdes, rosas rojas, cielos azules y nubes blancas, días de bendición y noches sagradas, apretones de manos y cálidos saludos entre amigos que se quieren. Y, mientras va sonando la canción, se reproducen unas imágenes de Vietnam. Aunque varias de las escenas parecen transmitir serenidad al principio, pronto el metraje se torna aterrador. Secuencias de bombardeos y matanzas, y visiones de miedo y tristeza. Una revuelta queda aplastada sin piedad. Los jóvenes blanden armas bélicas. Finalmente, la canción concluye con el verso: «Y pienso para mis adentros, qué mundo más maravilloso». El contraste entre la canción y las escenas reproducidas es escalofriante. Sí, hay belleza, felicidad y amor en el mundo (la canción está en lo cierto con respecto a eso), pero las imágenes también están en lo cierto.

Al enfrentarnos a semejantes realidades, solo podemos exclamar: «¿Quién nos librará de este mundo de muerte?». Y, más concretamente: «¿Quién nos llevará a un mundo de vida?».

La misión del Mesías

Dios mismo hizo los preparativos en el Antiguo Testamento para la gran obra de redención que había planeado. Por medio de promesas proféticas, generó las más fervientes expectativas en los corazones de su pueblo de que un día revertiría la maldición y los liberaría del pecado y la desdicha en los que la raza humana se había enfangado desde la caída.

En Isaías 65:17-25, el profeta retrataba el nuevo mundo que el Señor se había propuesto crear: un mundo de gozo y alegría, de seguridad y satisfacción, de vida, amor y armonía entre las criaturas. Y, de manera más importante aún, describía un mundo de armonía con Dios: «Y antes que clamen, responderé yo; mientras aún hablan, yo habré oído» (Isaías 65:24). En otro pasaje, Isaías dejaba claro que la muerte misma sería derrotada, junto con el duelo que la acompaña: «Destruirá a la muerte para siempre; y enjugará Jehová el Señor toda lágrima de todos los rostros; y quitará la afrenta de su pueblo de toda la tierra; porque Jehová lo ha dicho» (Isaías 25:8).

Ciertamente, esas fueron grandes promesas. El israelita reflexivo debió de ser consciente de que, para que eso se llevara a término, tendrían que suceder grandes e incomparables cosas. Con el beneficio que nos da la perspectiva, sabemos cuáles eran esos elevados requisitos para la salvación. Tendría que venir un Salvador que estuviera preparado para enfrentarse a la muerte y, a la vez, fuera capaz de crear vida, alguien que pudiera resolver el dilema de nuestra caída y, al mismo tiempo, seguir siendo perfectamente justo. Ningún hombre valía para eso.

¡Sabemos que esos eran los requisitos porque tenemos la ventaja de conocer a aquel que los satisfizo gloriosamente en su totalidad! Jesucristo —no un mero hombre, sino un Dios-hombre— vino como la única persona preparada para librarnos de este mundo de muerte y conducirnos a ese nuevo mundo de vida.

El autor de Hebreos nos enseña que Jesucristo es Dios encarnado: «El cual, siendo el resplandor de su gloria, y la imagen misma de su sustancia, y quien sustenta todas las cosas con la palabra de su poder» (Hebreos 1:3). A lo largo de ese capítulo introductorio, el autor refuerza la afirmación de la divinidad de Jesús. Y, sin embargo, el mismo autor nos enseña que este mismo Jesús es humano, hecho semejante a nosotros en todo a excepción del pecado (2:14-18; 4:15). La suya era una naturaleza genuinamente humana, una vida genuinamente humana con unos sufrimientos genuinamente humanos. Vino y caminó deliberadamente con nosotros por este valle de lágrimas aunque él no mereciera semejante aflicción. En esta vida estuvo rodeado de pecado y sufrió la desdicha en sus carnes. Podemos estar seguros de que la suya no fue una vida carente de alegrías; los Evangelios lo dejan muy claro. Sin embargo, su experiencia de la condición humana tras la caída cumplió otra de las profecías de Isaías: «Despreciado y desechado entre los hombres, varón de dolores, experimentado en quebranto» (Isaías 53:3).

Las buenas noticias son que no solo vino y vivió con nosotros bajo el nubarrón para acompañarnos, sino para librarnos de ese nubarrón en su totalidad. Es verdad que hay una semejanza del Salvador con nosotros (Hebreos 4:15), pero esa no es toda la verdad. No vino simplemente para consolarnos en nuestra desdicha *aquí*, sino para guiarnos en última instancia a un *allí* eterno, donde ya no habrá más tristezas. Durante su ministerio terrenal, Jesús nos ofreció atisbos de ese nuevo mundo en sus palabras y sus obras. Muchos de los milagros que llevó a cabo sirvieron como señales de su misión para revertir la maldición, y como indicación de que ese Reino que había venido a inaugurar sería un mundo completamente distinto:

en lugar de opresión, libertad (Lucas 4:31-37).
en lugar de enfermedad, salud (4:38-39).
en lugar de frustración, triunfo (5:1-11).
en lugar de abandono, comunión (5:12-14).
en lugar de discapacidad, fortaleza (5:17-26).
en lugar de muerte, vida (7:11-17).
en lugar de caos, sosiego (8:22-25).
en lugar de vacío, abundancia (9:10-17).

Sin embargo, Jesús sabía que la creación de ese Reino no estaría exenta de un coste. Recordemos que la maldición había llegado a nublar la creación debido al extrañamiento del hombre con respecto a Dios. Las desdichas de esta vida fueron siempre muestras de la mayor desdicha de todas, que es que el ser humano, en su pecado, es merecedor de la ira de Dios. Así, la vida en este mundo, rota en el presente, solo podía arreglarse si se levantaba la ira divina en primer lugar. Y la ira divina solo podía levantarse si una persona divina intervenía para recibirla por nosotros.

Y LO HIZO.
«Cristo nos redimió de la maldición de la ley, hecho por nosotros maldición (porque está escrito: Maldito todo el que es colgado en un madero)» (Gálatas 3:13). El verdadero dilema que debía resolverse era el de nuestra culpa ante nuestro santo Creador, y Cristo se ocupó de eso en la cruz. Allí cargó con ella sobre los hombros y soportó la ira divina que nosotros merecíamos.

Tal como lo expresa Pablo en 2 Corintios 5: «Al que no conoció pecado, por nosotros [Dios] lo hizo pecado, para que nosotros fuésemos hechos justicia de Dios en él» (2 Corintios 5:21). Aquí tenemos el gran intercambio del evangelio: Cristo tomó la culpa de nuestro pecado y sufrió lo que nosotros merecíamos justamente, y ahora nos proporciona su justicia y la herencia celestial que él obtuvo justamente. Allá en el huerto,

Dios llamó a nuestros primeros padres a que caminaran en justicia ante él... y fracasaron. El resultado de ello fue toda la maldición —natural y sobrenatural— que hemos estado considerando. Sin embargo, Jesucristo intervino para salvarnos, viviendo, muriendo y resucitando. Y, debido a que lo hizo, su pueblo se ha reconciliado con Dios y ahora aguarda con anhelo el nuevo mundo de Dios. En Romanos 8, Pablo arroja una luz gloriosa sobre el grado de renovación de ese mundo:

> «Porque el anhelo ardiente de la creación es el aguardar la manifestación de los hijos de Dios. Porque la creación fue sujetada a vanidad, no por su propia voluntad, sino por causa del que la sujetó en esperanza; porque también la creación misma será libertada de la esclavitud de corrupción, a la libertad gloriosa de los hijos de Dios. Porque sabemos que toda la creación gime a una, y a una está con dolores de parto hasta ahora; y no solo ella, sino que también nosotros mismos, que tenemos las primicias del Espíritu, nosotros también gemimos dentro de nosotros mismos, esperando la adopción, la redención de nuestro cuerpo» (Romanos 8:19-23).

Según Pablo, un día el orden creado que nos rodea disfrutará la liberación de su estado actual. Además, los creyentes recibirán la redención de sus cuerpos. Quienes confían en Cristo, ya se han convertido en hijos de Dios (1 Juan 3:1), pero en esta vida sus cuerpos no concuerdan con esa identidad gloriosa. Sus cuerpos presentes, tal como sucede con todos los demás, se hallan sometidos a un proceso de declive (2 Corintios 4:16), son perecederos, deshonrosos y débiles (1 Corintios 15:42-43). ¡Imaginemos a los hijos de Dios ataviados de semejante forma! ¡Pensemos en los hijos del Rey cubiertos de harapos sucios y desgarrados! Sin embargo, Pablo nos asegura que, un día, los hijos de Dios por adopción recibirán cuerpos acordes con su identidad (el versículo 23 que acabamos de citar: «la adopción, la redención de nuestro cuerpo»), cuerpos imperecederos, gloriosos y fuertes (1 Corintios 15:42-43). Por fin, los hijos y las hijas de Dios llevarán el atuendo apropiado: cuerpos celestiales para los hijos del Cielo que viven y sirven aquí en este mundo.

¿Cuándo sucederán estas cosas? El día en que Cristo regrese a la tierra para dar comienzo a la eternidad. Tal como escribe Pablo a los filipenses: «Mas nuestra ciudadanía está en los cielos, de donde también esperamos al Salvador, al Señor Jesucristo; el cual transformará el cuerpo de la humillación nuestra, para que sea semejante al cuerpo de la gloria suya, por el poder con el cual puede también sujetar a sí mismo todas las cosas» (Filipenses 3:20-21). Hasta ese día, quienes están en el Cielo con Jesús viven como almas desprovistas de cuerpo, pero en ese día todos quedarán vestidos y glorificados.

¡Qué maravilloso evangelio nos ha revelado Dios para nuestra salvación! Es cierto que Jesús consuela al creyente en esta vida (Juan 14:27). También es cierto que el creyente partirá para estar con Jesús a su muerte (Filipenses 1:23). Sin embargo, el evangelio es mucho más que eso: la salvación no entraña nada menos que la resurrección. Un nuevo mundo, un nuevo cuerpo y una nueva creación. Nuestra experiencia de la salvación sigue los pasos de «bueno-mejor-óptimo»:

> es muy bueno conocer a Dios por medio de Cristo en esta vida;
> es mejor pasar a la presencia de Cristo a nuestra muerte;
> y lo mejor de todo será cuando Cristo regrese a la tierra al final de los tiempos.

Solo entonces completará todas las cosas. Solo entonces se materializará el propósito de la creación original: el hombre, creado como cuerpo y alma, para vivir en compañía de Dios, habrá alcanzado su madurez plena:

> «Y oí una gran voz del cielo que decía: He aquí el tabernáculo de Dios con los hombres, y él morará con ellos; y ellos se-

rán su pueblo, y Dios mismo estará con ellos como su Dios. Enjugará Dios toda lágrima de los ojos de ellos; y ya no habrá muerte, ni habrá más llanto, ni clamor, ni dolor; porque las primeras cosas pasaron» (Apocalipsis 21:2-4).

LA MUERTE Y EL CRISTIANO

Por supuesto, ese glorioso día final no ha llegado aún. Por eso (tal como lo expresa Pablo en Romanos 8) seguimos anhelando y gimiendo a la espera de lo que está por llegar. Cristo no ha vuelto aún para dar comienzo a la nueva era venidera. Esta era, incluyendo la muerte, sigue con sus conflictos. Los creyentes no están exentos de la muerte. El Catecismo Mayor de Westminster nos ayuda a entenderlo:

> *Pregunta 85*: Siendo la muerte la paga del pecado, ¿cómo es que los justos no son librados de ella, puesto que sus pecados son perdonados en Cristo?
>
> *Respuesta*: Los justos serán librados de la muerte misma en el día final, y aun en la muerte son librados del aguijón y tormento de ella, así que, cuando ellos mueren, sin embargo, esto dimana del amor de Dios, que así los hace perfectamente libres del pecado y de la desdicha, y aptos para la comunión más íntima con Cristo en gloria, a la cual ellos entonces entran.

Sí, quienes confían en Cristo siguen muriendo (y experimentando las aflicciones de la vida por el camino), pero a ellos se les ha eximido del aguijón de la muerte. Para ellos, la muerte ya no significa lo mismo que antes. Ya no tiene el poder para aterrorizarlos y recordarles la ira venidera, sino que, gracias a Cristo, han sido librados de esa ira: «Porque no nos ha puesto Dios para ira, sino para alcanzar salvación por medio de nuestro Señor Jesucristo» (1 Tesalonicenses 5:9). No sorprende que Pablo, tras reflexionar largamente acerca de la resurrección en 1 Corintios 15, exclame finalmente: «¿Dónde está, oh muerte, tu aguijón? ¿Dónde, oh sepulcro, tu victoria? Ya que el aguijón de la muerte es el pecado, y el poder del pecado, la ley. Mas gracias sean dadas a Dios, que nos da la victoria por medio de nuestro Señor Jesucristo» (1 Corintios 15:57). Este fue el propósito de salvación de Cristo desde el comienzo: «Así que, por cuanto los hijos participaron de carne y sangre, él también participó de lo mismo, para destruir por medio de la muerte al que tenía el imperio de la muerte, esto es, al diablo, y librar a todos los que por el temor de la muerte estaban durante toda la vida sujetos a servidumbre» (Hebreos 2:14-15). El diablo, el gran acusador, ha quedado dramáticamente desarmado en el caso del cristiano: ya no le queda nada verdaderamente aterrador que decir; al cristiano ya no le queda nada que temer. «Ahora, pues, ninguna condenación hay para los que están en Cristo Jesús, los que no andan conforme a la carne, sino conforme al Espíritu» (Romanos 8:1). Por eso nuestro catecismo puede confesar que ahora la muerte de los creyentes «dimana del amor de Dios». La muerte es ahora el medio que Dios utiliza para liberar al creyente y llevarlo al hogar.

Vemos esto reflejado en la extraordinaria carta que Martín Lutero, el gran pionero de la Reforma en el siglo XVI, escribió a su padre al saber que este sufría una grave enfermedad. En esa carta, el Lutero hijo ejerció también de Lutero pastor, y animó a su padre diciéndole que, debido a Cristo, el creyente no tiene por qué arredrarse ante la muerte:

> Demuestra valor y confianza en tu corazón ante la enfermedad porque aquí en esta vida, y en la venidera, tenemos a Jesucristo, que nos ayuda fiel y genuinamente a la diestra de Dios y que asfixió la muerte y el pecado por nosotros, y ahora se sienta [en el Cielo] por nosotros; desde allí, junto con todos los ángeles, nos contempla esperándonos, de tal forma que, cuando estamos a punto de partir, no nos atrevamos a temer o angustiarnos por que podamos hundirnos o caer a tierra. Su poder sobre la muerte y el pecado es demasiado grande como para que nos dañen [...]. Que él, nuestro amado Señor y Salvador,

> esté contigo a tu lado, para que (Dios conceda que suceda aquí o allí) podamos vernos de nuevo gozosamente. Porque nuestra fe es cierta, y es indudable que volveremos a vernos de nuevo en breve en presencia de Cristo[2].

Escuchemos a Lutero: Jesucristo «asfixió» la muerte por su pueblo, por lo que «no nos atrevamos a temer». Aprendamos de Lutero: la muerte ha quedado vencida para el cristiano. Lutero escribió aquella carta el 15 de febrero de 1530. Su Padre, Hans Lutero, murió menos de cuatro meses después, el 29 de mayo. Martín le seguiría el 18 de febrero de 1546. Y se han sumido en la presencia de Cristo desde entonces.

Esta misma verdad queda reflejada en *El progreso del peregrino* de Bunyan. En la segunda parte de esa obra, Bunyan imagina la crónica del viaje de Cristiana de camino a la Ciudad Celestial. Cerca del final del libro, describe el momento en que Cristiana recibe la notificación de que le ha llegado la hora de dejar esta vida atrás, incluyendo familia y amigos:

> En este sitio permanecían los peregrinos aguardando la hora de su partida, cuando se divulgó la noticia de que había llegado al pueblo un mensajero de la Ciudad-Celestial con nuevas de gran importancia para una tal Cristiana, viuda de Cristiano el peregrino. Preguntose por ella, y pronto dieron con la casa en que se alojaba. Entonces el mensajero le entregó una carta, cuyo contenido era el siguiente: «¡Salve, buena mujer! Esta es para hacerte saber que el Maestro te llama, y espera que, vestida de inmortalidad, comparecerás ante su presencia dentro del plazo de diez días.
>
> Después de leerle la carta, le dio, en prueba de que era mensajero verdadero que venía a ordenarla se apresurase a partir, una prenda, que consistía en una flecha apuntada de amor, y que, introducida suavemente en su corazón, obraría en ella poco a poco y con tanto acierto, que a la hora señalada debía partir[3].

Como se podrá advertir, la muerte le llegó a Cristiana por medio de «flecha apuntada de amor». Su Señor la estaba llamando con el propósito de que se presentara ante él en la inmortalidad. Todo cristiano debiera contemplar su propia muerte siguiendo este patrón. No significa que la muerte ahora sea placentera; no finjamos tal cosa. Sin embargo, la maravilla del evangelio es que la gracia ha vencido y aprovechado aun las cosas más terribles de la maldición para beneficio de la causa del Salvador. La muerte sigue recibiendo el apelativo apropiado de «el postrer enemigo» (1 Corintios 15:26), pero, en el caso del cristiano, el postrer enemigo ya ha sido transformado por medio de la gracia de nuestro mayor Amigo.

LA VERDAD PRÁCTICA

¿Qué significó todo esto para Christy y para mí mientras avanzábamos por una senda oscura?

Significó varias cosas.

En primer lugar, que, en un sentido, el hecho de que yo padeciera cáncer tuviera todo el sentido del mundo. No, no teníamos la menor idea del motivo por el que yo sufría cáncer en lugar de otros, o por qué mis células se volvieron malignas de la forma en que lo hicieron; pero no caímos en una espiral de confusión, preguntándonos por qué existen las enfermedades terminales en primera instancia y acusando a Dios de obrar mal por ello. Si asimilamos Génesis 3 (el relato de la caída), disfrutaremos de una cierta firmeza de corazón y mente ante las malas noticias. Es indudable que no teníamos una firmeza plena, pero nuestra solidez era mayor de lo que habría sido en otro caso. Lo que las Escrituras nos dicen con respecto al pecado y la maldición no son las verdades más dichosas que quepa considerar, pero como toda la enseñanza de la Escritura, son útiles para enseñar (2 Timoteo 3:16). Al final son beneficiosas: cuando a uno se le diagnostica un cáncer y luego debe someterse a un tratamiento, resultan ser extraordinariamente favorables.

En segundo lugar, estas verdades significaron que quedamos libres para clamar a Dios. Sabíamos que la vida humana ahora se vive bajo una maldición, y que el hecho de que yo padeciera un cáncer formaba parte de ello. De nada servía aparentar (ni con los demás ni, mucho menos, con Dios) que las cosas no eran tan malas, que solo se trataba de un pequeño revés y de que un puñado de fármacos nos devolvería rápidamente al Cielo... como si hubiéramos vivido una vida de gozo celestial antes de que quedara tan groseramente interrumpida. La Palabra de Dios había inyectado demasiado realismo en nuestro torrente sanguíneo espiritual como para pensar de semejante forma. Me encanta escuchar las canciones de Tony Bennet, pero cuandoquiera que le escucho cantar «Smile» (Sonríe), doy gracias a Dios por que ese no sea el evangelio:

> *Sonríe aun cuando el corazón te duela.*
> *Sonríe aunque tu corazón se esté rompiendo en pedazos.*
> *Cuando haya nubes en el cielo, saldrás hacia delante.*
> *Si sonríes en tus miedos y tus penas,*
> *sonríe y puede que mañana*
> *veas el sol brillando para ti.*
> *Ilumina esa cara de alegría.*
> *Oculta cualquier rastro de tristeza,*
> *aunque estés a punto de derramar una lágrima.*
> *Ese es el momento en que más debes esforzarte.*
> *Sonríe, ¿de qué sirve llorar?*
> *Verás que la vida sigue valiendo la pena*
> *si tan solo sonríes*[4].

Una voz preciosa, unos arreglos maravillosos, pero una teología muy pobre. No, cuando nos enfrentábamos al cáncer y luchábamos contra él, seguimos los pasos de nuestro Hermano mayor, que «[ofreció] ruegos y súplicas con gran clamor y lágrimas» (Hebreos 5:7). Jesús era realista en lo tocante a la vida en este presente siglo maligno, y oraba en consecuencia. Lloraba en consecuencia. Ese varón de dolores no se limitó a cantar «Sonríe». En lugar de eso, los suyos fueron los lamentos del Salterio. En este sentido, los siervos tampoco estamos por encima de nuestro Señor.

En tercer lugar, y lo más valioso de todo, estas verdades implicaron que la nuestra fuera una esperanza invencible. El cáncer sí que tiene una especie de poder mortífero, pero su poder es patéticamente débil en comparación con el poder de resurrección del evangelio. ¡Como alguien que había depositado su fe en el Cristo resucitado, sabía que no podía perder! Después de todo, lo peor que el cáncer podía hacer era arrebatarme la vida... y, de haber sucedido tal cosa, habría pasado de inmediato a la Vida tal como nunca la había conocido.

Recordemos el consejo del Catecismo Mayor que cité anteriormente: de haber llegado la muerte, había dimanado del amor de Dios, librándome por completo del pecado y la desdicha, y dándome la capacidad de tener una comunión con Cristo que este mundo no puede proporcionar. Y no solo eso, sino que también sabía que Dios utilizaría de alguna forma mi muerte (tal como utiliza toda circunstancia, ya sea más luminosa o más oscura) para el cumplimiento de sus buenos propósitos en las vidas de quienes me sobrevivieran. Por último, tenía la esperanza inquebrantable de recibir un cuerpo de resurrección al final de todo. Aun cuando mi cuerpo presente se rompiera a mi muerte, seguía teniendo ante mí una maravillosa vida corporal aguardándome en el futuro. No obstante, debo reconocer que no todos mis sentimientos y pensamientos eran una muestra de fidelidad. Experimenté (tal como experimentan muchos cristianos en tales circunstancias) una corriente subterránea de duda y desánimo. Sin embargo, a pesar de todo, mi corazón albergaba cierta medida de esperanza, que estaba allí gracias a aquel que había soportado la ira de Dios y quitado a la muerte su aguijón.

Un momento extraordinario en el aula del seminario me hizo comprender esa verdad de forma especialmente viva.

De hecho, viví ese extraordinario momento en mi salón, en Virginia. Incapaz de viajar hasta Pensilvania para mis clases en el seminario durante los primeros compases de mi tratamiento, me mantenía al día de mis lecciones escuchando las grabaciones en audio de las ponencias que me perdía. Durante una de esas clases, alguien planteó a nuestro profesor una pregunta solemne con respecto a la matanza de la Columbine High School en Littleton, Colorado, que había tenido lugar pocos días antes (la matanza de Columbine tuvo lugar el 19 de abril; yo recibí mi diagnóstico el 23; y esta sesión de preguntas y respuestas tuvo lugar el 27 del mismo mes). La pregunta era algo parecido a esto: trasladémonos mentalmente a Littleton. ¿Qué cabría decir a las familias dolidas que intentan encontrar un sentido en un acontecimiento tan terrible?

Nuestro profesor hizo varias observaciones al respecto y, una de ellas me llamó poderosamente la atención, y lo sigue haciendo en la actualidad. Al referirse a aquellos que afrontan la muerte con una fe firme en Cristo, dijo lo siguiente: «También debemos saber que, en ocasiones, la mayor contribución de un individuo es la forma en que muere».

Como cabrá imaginar, ese comentario me llamó la atención, sentado allí en mi salón en Virginia, con la quimioterapia y el cáncer batallando dentro de mi cuerpo en aquel preciso instante. En ocasiones, las personas mueren antes del momento que consideramos apropiado. En determinadas circunstancias, las personas mueren repentinamente, y se arrebatan a sus seres queridos sin previo aviso. En algunos casos, las personas mueren a manos de un mal humano, tal como sucedió con aquellos estudiantes. Sin embargo, en el balance del evangelio, la muerte queda derrotada. Quien muere dejando atrás un legado de fidelidad a Cristo ha entregado un don que supera con creces las circunstancias de su muerte, por súbita o trágica que esta sea. Recibí como un llamamiento al discipulado lo que nuestro profesor había planteado como una respuesta a la clase: vive bien (esto es, depositando tu esperanza en Cristo) y habrás dado un paso de gigante en la dirección de la buena muerte, por cuanto habrás ayudado a otros a mirar a Cristo aun después de tu partida.

En cuarto lugar, estas verdades impidieron que confundiéramos la curación con la resurrección. Para ser sinceros, debo decir que esas verdades debían haberme protegido de tal confusión. Reconozco que esta fue una lección que tuve que aprender, concentrado como estaba en convertir la restauración física (esto es, el regreso a la pista de tenis) en mi aspiración más elevada. En su sabiduría, Dios utilizó a un amigo y compañero de tenis para enseñármelo.

Este amigo y yo quedamos a comer para ponernos al día en unos momentos en los que prácticamente había recuperado la mayor parte de mi movilidad. Naturalmente, yo estaba emocionado por haber recuperado la motricidad de mis piernas y volver a practicar deporte. ¡Mis sueños se habían hecho realidad!

Como buen compañero de tenis que era, compartió mi alegría por ello. Sin embargo, también dijo algo bastante aleccionador durante el curso de la conversación. Casi como de pasada, observó que, vistas las cosas en su conjunto, la recuperación de mi movilidad equivalía a una especie de retraso, de restauración transitoria, puesto que en el presente siglo maligno el hombre físico (aun el sano y fuerte) sigue con su declive. No lo presentó exactamente así, pero esa era la intención de fondo.

Ahora bien, no dijo aquello con ánimo de crueldad, como queriendo echar un jarro de agua fría sobre mi entusiasmo. Tal como he señalado, compartía mi gozo, y ese otro comentario tenía el tono de «por cierto». Y, sin embargo, lo hizo de tal manera como para hacerme entrar en razón: estaba en lo cierto. Sí, mis piernas volvían a funcionar, y eso era una bendición tremenda del Señor, un don nada desdeñable. Era apropiado agradecérselo. Sin embargo, el hombre físico —incluyendo mi hombre físico— seguía en su proceso de deterioro. Eso no había cambiado. Sí, el Señor se había complacido en mejorar mi estado en esta vida, pero esa era la idea: yo seguía aquí, en esta vida, sin haber resucitado aún, bajo el nubarrón, enfrentándome aún a la muerte. Recobrar la vida y la movilidad gracias a la cirugía, los fármacos y la terapia de rehabilitación física era algo maravilloso... pero no equivalía a la resurrección. Me había obsesionado tanto con volver a practicar deporte que había perdido de vista la naturaleza frágil y fugaz de la vida en este mundo, aun en su manifestación más fuerte y plena.

No fue sino otro recordatorio de que el evangelio debería elevar nuestra mirada más allá del horizonte de esta vida, con todas sus alturas y sus profundidades, hasta la cima eterna de la gloria de la resurrección. En esta vida el Señor da y el Señor quita. Ya haga una cosa u otra, debemos «[esperar] por completo en la gracia que se [nos] traerá cuando Jesucristo sea manifestado» (1 Pedro 1:13).

EL PEREGRINO CRISTIANO

La importancia de una mentalidad celestial fue una de las lecciones que Christy y yo tuvimos que aprender al enfrentarnos al cáncer, y ha sido una lección a la que nos hemos aferrado desde entonces. Tal como dijo Pablo a los colosenses: «Si, pues, habéis resucitado con Cristo, buscad las cosas de arriba, donde está Cristo sentado a la diestra de Dios. Poned la mira en las cosas de arriba, no en las de la tierra» (Colosenses 3:1-2). Advirtamos que el creyente pone la mira apropiadamente en el Cielo aun cuando las cosas le vayan bien aquí en la tierra. Estas verdades no solo tienen el propósito de consolarnos meramente en tiempos de aflicción, sino también de estimularnos en tiempos de abundancia. La persona sana debe poner su corazón y su mente en el nuevo mundo exactamente igual que el enfermo de cáncer.

Ahora soy más consciente del Cielo como mi destino de lo que solía serlo, más sensible a mi identidad como peregrino. El cáncer grabó en mí esas realidades. Y ese fue también el efecto que tuvo la muerte de un profesor fiel del seminario (Al Groves, el hombre que me enseñó acerca de Isaías el mismo semestre en que me recibí mi diagnóstico), y luego la muerte de mi fiel suegra pocos meses después (fue por cáncer en ambos casos). Y también me han hecho consciente de ello las oportunidades que he tenido para predicar y enseñar acerca del Cielo durante estos años.

He pensado en muchas ocasiones en la canción de Charlie Peacock en la que canta: «Quiero vivir como si el Cielo fuera un lugar real». ¡Por desgracia, cuán a menudo me veo viviendo como si fuera ficticio! Ese lugar que nunca he visto, ese mundo que apenas puedo imaginar, es tan real como la casa en Virginia donde vivo con mi esposa y mis hijos ahora mismo. En este preciso instante está poblado por innumerables almas y por Cristo mismo, y todas ellas anhelan el día de su regreso. Como Cristiano y Cristiana en los libros de Bunyan, vivo mejor cuando tengo la mirada puesta en la Ciudad Celestial, apretando el paso.

Consideremos el consejo de Jonathan Edwards, el gran teólogo y predicador americano del siglo XVII. En un sermón titulado «*The Christian Pilgrim*» (El peregrino cristiano), Edwards enseñaba a sus oyentes: «debiéramos gastar esta vida como si tan solo fuera un viaje o peregrinación de camino al Cielo»[5]. Para poder cultivar esa mentalidad de peregrinaje entre sus oyentes, Edwards utilizaba observaciones extraídas del día a día:

> Un viajero no suele pararse a descansar en cualquier sitio a lo largo de su camino, por gratificante y placentero que sea. Si pasa por lugares agradables, ya sean colinas en flor o huertos umbríos, no se contenta con ellos, sino que tan solo les dedica una mirada fugaz mientras sigue adelante. Las bellas apariencias no le apartan de la idea de proseguir con su camino. No, sino que es el fin del viaje lo que ocupa su mente. Si encuentra cómodo alojamiento en una posada, no acaricia la idea de quedarse a vivir allí. Considera que tales cosas no le pertenecen,

> que solo es un extranjero y que, tras haber descansado o dormido allí una noche, está listo para partir de nuevo. Y le agrada pensar que haya dejado atrás gran parte del camino”[6].

Más adelante, en el mismo sermón, Edwards desafiaba a sus oyentes a comparar las bendiciones de esta vida con las de la venidera:

> Ir al Cielo, disfrutar plenamente de Dios, es infinitamente más placentero que cualquier morada en este mundo. Los padres, madres, esposas, maridos, hijos o amigos terrenales no son más que sombras; pero el disfrute de Dios es la esencia. No son más que destellos de luz; pero Dios es el sol. No son más que riachuelos; pero Dios es la fuente. No son más que gotas; pero Dios es el océano[7].

En resumen, el creyente se halla de camino a Dios. Prosigue confiando en la gracia, sin permitir que ninguna posesión o circunstancia terrenal lo distraiga de la misión de su peregrinación. Ve todas las cosas a la luz de la gloria de Dios, y lo hace como alguien que tiene a Dios como su principal porción y deleite. Aquí tenemos a alguien que simplemente no cejará: llegará hasta la Ciudad, hasta la mismísima presencia de Dios.

UNA PREGUNTA ESCRUTADORA

Cuando Jesús acudió a Betania a los cuatro días de la muerte de su amigo Lázaro, Marta —la hermana del fallecido— salió a saludarlo. Aun en ese punto anterior a su muerte y su resurrección, ella albergaba una cierta conciencia del poder de Dios para vencer a la muerte: «Marta dijo a Jesús: Señor, si hubieses estado aquí, mi hermano no habría muerto» (Juan 11:21). Esta extraordinaria y dramática conversación prosigue, y gira en torno a la resurrección. Al final, Jesús hace otra de esas afirmaciones estremecedoras que comienzan con un «yo soy»: «Le dijo Jesús: Yo soy la resurrección y la vida; el que cree en mí, aunque esté muerto, vivirá. Y todo aquel que vive y cree en mí, no morirá eternamente. ¿Crees esto?» (vv. 25-26).

¡Qué momento! ¡Qué pregunta! Tal como hemos considerado anteriormente, una cosa es que se nos diga que el evangelio es cierto; otra cosa es que nos interpele preguntándonos si creemos que es cierto o no. Y otra completamente distinta (y aquí tenemos a Marta) que nos interrogue cara a cara el Dios-hombre que es el evangelio. Marta responde profesando su fe: «Sí, Señor; yo he creído que tú eres el Cristo, el Hijo de Dios, que has venido al mundo» (v. 27).

Al reflexionar en estos últimos años acerca de la escrutadora pregunta de Jesús —¿crees esto?—, he advertido que nos enfrentamos a esa pregunta a cada paso. La Biblia nos enseña muchas cosas y, una y otra vez, en los momentos de gozo y de tristeza que atravesamos en nuestras vidas, Jesús nos pregunta en su Palabra: «¿Crees esto?». Imaginemos esa pregunta como una marca de agua en cada página de nuestras biblias, entrevista en cada una de las verdades que allí encontramos, siempre desafiándonos, siempre exigiendo una respuesta por nuestra parte. La pregunta no es simplemente: «¿Estás de acuerdo en que esto es verdad?», sino que tiene un sentido más amplio: «¿Vivirás ahora (pensando, sintiendo, hablando, obrando, esforzándote, regocijándote) como alguien que está de acuerdo en que esto es verdad?».

En este capítulo hemos reflexionado acerca de varias de esas verdades bíblicas. El nubarrón de la maldición sobrevuela ahora mismo el mundo creado: la ira de Dios se manifiesta contra esta raza humana pecadora. Somos incapaces de deshacer por nuestros medios el daño mortal que hemos causado. Cristo vino en poder para llevar a cabo lo que nosotros no podíamos hacer, destruyendo la muerte y obteniendo la vida por medio de su vida y su muerte en nuestro lugar. Debido a que lo hizo, nos aguarda todo un nuevo mundo, un mundo de resurrección. Debido a que lo hizo, aun la muerte misma ha quedado desarmada. Jesús es la resurrección y la vida, y te pregunta: «¿Crees esto?».

[1] Calvino, Juan: *Institutes of the Christian Religion*, ed. John T. McNeill, tr. Ford

Lewis Battles, vol. 1, p. 714 (Westminster Press, Filadelfia, 1960).

[2] Lutero, Martín: «*To Hans Luther, Wittenberg, February 15, 1530*», en *Works*, vol. 49, Letters II, ed. y tr. Gottfried G. Krodel, pp. 269-271 (Fortress Press, Filadelfia, 1972). En su introducción a esta carta, Krodel la elogia grandemente: «Esta carta es uno de los ejemplos más cumplidos de la prosa de Lutero» (p. 267).

[3] Bunyan, John: *The Pilgrim's Progress*, pp. 369–370 (Banner of Truth, Edimburgo, 1977). (Existe versión en español: *El progreso del peregrino*, Editorial Peregrino, 2006).

[4] Letra de John Turner y Geoffrey Parsons, 1954.

[5] Edwards, Jonathan: «*The Christian Pilgrim, or The True Christian's Life a Journey Towards Heaven*», en *The Works of Jonathan Edwards*, vol. 2, p. 243 (Banner of Truth, Edimburgo, 1995).

[6] Edwards: *Works*, vol. 2, p. 243.

[7] Edwards: *Works*, vol. 2, p. 244.

CAPÍTULO 9

«Y, por tanto, lo dejaré obrar»

Han pasado ya cerca de nueve años desde el fin de nuestra odisea con el cáncer. Por extraño que parezca, he comprobado que sobrevivir al cáncer comporta sus propios problemas. Quizá pienses que, en el caso del superviviente, todos los problemas quedan atrás. ¡Piénsalo de nuevo! He descubierto tres desafíos a los que se enfrenta quien ha salido aparentemente indemne de la prueba. Los llamo Presunción, Parálisis y Enojo.

Nombrarlos de tal manera hace que suenen como alguno de los siniestros personajes con los que el Cristiano de Bunyan hubiera podido cruzarse al progresar en su peregrinaje. Pensándolo bien, quizá es precisamente así como debamos concebirlos: son tres enemigos.

PRESUNCIÓN

El primero de estos desafíos es la tentación de empezar a jactarse del mañana nuevamente. Si uno no se demuestra lo suficientemente cuidadoso, puede verse pensando de la siguiente forma:

> Ah, ahora lo entiendo. Al fin y al cabo, *sí* que estoy viviendo mi propio guion. Mi cáncer, bien pensado, no fue más que un pequeño giro en la trama. Todo vuelve a la normalidad y ya

veo cómo va a salir todo, de qué manera vamos a llegar allí. ¡Es la hora de los hijos con un oído musical perfecto! ¡Ya se divisan los años dorados con una pensión desahogada! ¡De hecho, ahora mi guion es mejor que nunca! ¡Ya puedo estar tranquilo el resto de mi vida porque he cubierto mi CPS (Cuota Personal de Sufrimiento)! ¡Puede que no llegue a los ciento setenta y cinco años como Abraham, pero estoy seguro de que mi destino es morir como él, «en buena vejez, anciano y lleno de años»!

Vaya, ¿has advertido todos esos signos de exclamación?

¿Ves lo que he hecho? He vuelto a confundir mi puntuación espiritual. Signos de exclamación allá donde debe haber interrogantes. He reincidido en los mismos errores de antes: jactarme del mañana, afirmar que sé lo que traerá el día, poner promesas en la boca de Dios. La única diferencia es que ahora estoy haciendo todo eso tras el cáncer, en lugar de antes de mi diagnóstico o durante el tratamiento. De hecho, quien haya pasado por alguna crisis puede llegar a sentirse acreditado a semejante certidumbre. «Después de todo —razona—, ya estoy en paz. Dios está en deuda conmigo: me debe el mismo final de cuento que le ofreció a Job».

PARÁLISIS

La segunda tentación al superar el cáncer nos lleva al extremo opuesto, que es sucumbir a un miedo paralizante. Algunos de los que han pasado por el cáncer y han recibido un diagnóstico de curación se ven perseguidos por la idea de una reaparición de la enfermedad, de que surja alguna otra amenaza o de que les sobrevendrá alguna otra calamidad.

Imaginemos a alguien en cuya vida este temor sea especialmente palpable. Puede que antes de la enfermedad disfrutara de cierta feliz ignorancia, con una relativa inconsciencia en lo tocante a los graves peligros y profundas aflicciones. Sin embargo, ahora el cáncer lo ha cambiado todo. Ahora se le han abierto los ojos y ve esos peligros y aflicciones de forma personal. Ahora vive obsesionado con Qué Sucederá a Continuación. Olvidando el consejo de Jesús («así que, no os afanéis por el día de mañana, porque el día de mañana traerá su afán. Basta a cada día su propio mal», Mateo 6:34), carga en el presente con las preocupaciones de toda una vida sobre los hombros y, por supuesto, ese peso es enorme. Su temor le sobrecarga de tal manera que le parece casi imposible levantarse y vivir. «La congoja en el corazón del hombre lo abate» (Proverbios 12:25). Solo levantarse de la cama ya le resulta una tarea hercúlea. Mira con aprensión los chequeos médicos rutinarios (puede que llegue otro diagnóstico devastador), siente renuencia a viajar (tal vez ocurra algo en su vuelo) y recelo ante las relaciones (quizá pierda a un ser querido).

¿Por qué? ¿Qué es lo que lo paraliza exactamente? No se trata fundamentalmente de la perspectiva de recibir malas noticias o de que sufra algún daño, sino de la sospecha atenazadora de que cualquier daño que sufra supondrá su perdición. En otras palabras, lo que le obsesiona no es fundamentalmente la posibilidad de las pruebas, sino lo que entrañen. Reconoce la posibilidad de que sus conflictos redunden en algún bien, pero ese bien parece minúsculo en comparación el posible dolor que sufrirá. Las temibles cosas que quizá le suceden se agrandan de tal manera que cualquier otra consideración (especialmente los buenos propósitos de Dios) queda fuera de vista.

ENOJO

El tercer desafío al que me he enfrentado como superviviente del cáncer es la tentación, en los momentos oscuros, de desear no haber sobrevivido.

Eso parece una necedad, lo sé, ¿pero no es la ingratitud pecaminosa la cima de la necedad?

En momentos de dificultad y frustración, podemos vernos

murmurando (al menos en nuestro corazón): «Hubiera sido mejor perder la vida por causa del cáncer. Así no tendría que soportar todo esto, sería libre». Podemos llegar a murmurar cosas como estas: «¿En qué estaría Dios pensando al dejarme vivir de la forma en que lo hizo? ¿Por qué no se limitó a dejarme morir? ¿Acaso no advirtió que sería lo mejor?».

Para empeorar las cosas, podemos decirnos a nosotros mismos que estamos siendo santos al desear y preguntarnos tales cosas: «Mira qué santo soy que deseo estar en el Cielo ahora mismo, libre de pecado». Sí, anhelar la ausencia de pecado del Cielo es una muestra de santidad. Pero no, no lo es acusar a Dios de fracasar por no llevarnos allí tan pronto como sea posible.

Esta es la versión adulta (aunque, estrictamente hablando, no demuestra demasiada madurez) de los pucheros que a veces hacen los niños. ¿Has visto alguna vez a un niño que haya recibido un regalo pero se sienta frustrado al intentar utilizarlo? Imaginemos al niño pequeño que tira su nuevo guante de béisbol al suelo enfadado al descubrir que la pelota no acaba automáticamente en el guante en cada lanzamiento. «¡Estúpido guante!». Imaginemos luego al padre del niño arrojando su nuevo palo de golf al lago, maldiciendo a los dioses del golf porque su última bola ha acabado en el mismo lago. «¡Estúpido palo!». De tal palo, tal astilla. Bueno, cuando alguien que ha sobrevivido a una enfermedad grave se topa con obstáculos y decepciones más adelante en su vida, se siente tentado a murmurar: «¡Estúpida vida! ¿No habría sido mejor morir?».

Si ese lenguaje te resulta familiar, puede ser que se deba a que lo has oído en la Biblia, especialmente en el Antiguo Testamento. Recordemos la forma en que respondió el pueblo de Israel cuando se vieron atrapados entre el mar Rojo frente a ellos y el ejército egipcio a sus espaldas:

> «Y dijeron a Moisés: ¿No había sepulcros en Egipto, que nos has sacado para que muramos en el desierto? ¿Por qué has

> hecho así con nosotros, que nos has sacado de Egipto? ¿No es esto lo que te hablamos en Egipto, diciendo: Déjanos servir a los egipcios? Porque mejor nos fuera servir a los egipcios, que morir nosotros en el desierto» (Éxodo 14:11-12).

Cuando las cosas se pusieron difíciles, Israel hizo un puchero. Y luego lo hicieron de nuevo en Éxodo 16. Y otra vez en Éxodo 17. Y luego, otra vez más en Números 14.

Advirtamos la acusación de Israel: «Mejor nos fuera servir a los egipcios». Y fue contra Moisés contra quien la lanzaron, pero recordemos que la queja de Israel contra Moisés equivalía a quejarse de Dios mismo, puesto que Moisés servía a Dios como un representante nombrado específicamente por él. Moisés lo deja claro en Éxodo 16:6-8. Dijo a Israel: «Vuestras murmuraciones no son contra nosotros [Moisés y Aarón], sino contra Jehová». Así, la acusación de Israel equivalía a lo siguiente: «Dios, no has sido capaz de hacer lo mejor para nosotros. Te comportaste neciamente al sacarnos de Egipto. ¿En qué estabas pensando?». En resumen, el Señor los había protegido y la respuesta de Israel fue imputarle necedad al hacer tal cosa. E hicieron esa imputación una y otra vez.

CONOCER A DIOS

Presunción. Parálisis. Enojo.

Todo cristiano, no solo el superviviente del cáncer, necesita guardarse de esas tres cosas. A fin de cuentas, todo cristiano sigue luchando con el orgullo y la incredulidad de su corazón mientras viva en un mundo de pruebas e incertidumbre.

Ahora bien, advirtamos que cada una de esas tres cosas equivale a su manera a una incapacidad de conocer a Dios.

En primer lugar, cuando presumimos del futuro demostramos no conocer bien la soberanía de Dios. Hemos perdido de vista el hecho de que sigue al mando y que, por tanto, es perfectamente libre de salirse de cualquier guion que hayamos escrito por él. Le hemos degradado en nuestras mentes, ya sea rebajándolo a la categoría de socio en la gestión de nuestras vidas o, peor aún, relegándolo a la posición de subalterno.

En segundo lugar, cuando quienes estamos en Cristo nos sentimos paralizados por el temor, demostramos no haber asimilado la bondad de Dios. Nos cuesta creer que ponga pruebas en nuestras vidas a fin de proporcionarnos una bienaventuranza última que las sobrepasa en todos los órdenes. En oposición a la enseñanza de Jesús (Mateo 7:9-10), hemos imaginado a Dios como un padre que da piedras y serpientes a sus hijos necesitados en lugar de pan y peces.

En tercer lugar, cuando nos enojamos por nuestras bendiciones traicionamos nuestra falta de confianza en la sabiduría de Dios. Lo hemos convertido mentalmente en un dios que no sabe lo que está haciendo y yerra en todos sus intentos de obrar el bien en nuestras vidas. Puede que sea bienintencionado, pero en ocasiones sus buenas intenciones le llevan a meter la pata. «Muchas gracias, Dios, pero no tenías por qué haberlo hecho. De verdad, no hacía falta».

Como se puede ver, en cada uno de estos casos hemos imaginado a Dios como alguien distinto de aquello como lo que realmente se nos ha revelado. Le hemos convertido en un Dios completamente diferente. De hecho, hemos inventado mentalmente un nuevo dios que ha usurpado el lugar del Dios bíblico.

Ahora bien, detengámonos a considerar el dios que nos hemos fabricado aquí. Es un dios:

1) que carece del control último de las cosas,
2) que a veces es cruel, y
3) que a veces es necio.

¿Te resulta eso familiar? ¡Si es así, es porque suena exactamente igual que nosotros! Carecemos del control último de las cosas, a veces nos comportamos cruelmente y en otras ocasiones somos necios. He aquí, hemos logrado crear un dios a nuestra imagen y semejanza. Y, tras haber hecho eso, ¿cabe sorprenderse de que nos relacionemos con él de las maneras que hemos estado considerando? Verás, somos propensos a caer en la presunción, la parálisis y el enojo (o, ya puestos, en un sinfín de otros males espirituales) cuando empezamos a pensar en Dios como poco más que un gran hombre invisible, demasiado similar a los seres humanos que vemos, los seres humanos que somos. Tal como señaló Lutero a Desiderio Erasmo en una memorable ocasión: «Tus ideas de Dios son demasiado humanas»[1]. Hay dos portavoces bíblicos muy distintos (Balaam en Números 23:19 y Samuel en 1 Samuel 15:29) que nos enseñan esta importante lección: Dios no es un hombre y, por tanto, no obra como tal. El Señor mismo nos enseña esa lección en forma de demoledora pregunta retórica: «¿A qué, pues, me haréis semejante o me compararéis? dice el Santo» (Isaías 40:25). J.I. Packer en su *Knowing God* (Conocer a Dios) reflexiona acerca de esa pregunta en Isaías 40 y nos acusa en consecuencia:

> Nuestras ideas de Dios no son lo suficientemente grandes; no asimilamos la realidad de su sabiduría y su poder ilimitados. Debido a que nosotros mismos somos débiles y limitados, imaginamos a veces que también Dios lo es, y nos cuesta creer que ese no sea el caso. Pensamos en Dios como alguien demasiado similar a nosotros. Enmienda ese error, nos dice Dios; aprende a reconocer toda la majestad de tu incomparable Dios y Salvador[2].

Volvamos, pues a nuestro Dios y conozcámoslo de nuevo.

Sepamos que nuestro Dios sigue siendo soberano, y acabemos así con la presunción. No somos quienes reinan: Jehová reina. Y lo hace en cada momento de todas nuestras vidas. Reina antes, durante y después de cada prueba y cada bendición. No debe a nadie ningún final de cuento de salud, y riqueza, paz y prosperidad, en esta vida. Volvamos a meditar acerca de esos «textos abarcantes» del capítulo 2. ¡Siguen siendo ciertos en el capítulo 9!

Sepamos que nuestro Dios es bueno, y deshagámonos así del temor paralizante. «Y sabemos que a los que aman a Dios, todas las cosas les ayudan a bien, esto es, a los que conforme a su propósito son llamados» (Romanos 8:28). Para el cristiano, la bondad de Dios no es una abstracción. El cristiano no solo cree que Dios sea bueno; cree también que es bueno con él. Se toma la bondad de Dios personalmente. Confía en que Dios lo ama tanto como para salvarlo. «Porque tú, Señor, eres bueno y perdonador, y grande en misericordia para con todos los que te invocan» (Salmo 86:5).

Confiemos y vivamos, pues, así en nuestra época. En lugar de que los posibles dolores cobren una dimensión tan grande en nuestra mente que oculten todo lo demás, abracemos la diametralmente opuesta perspectiva de la Biblia: «Porque esta leve tribulación momentánea produce en nosotros un cada vez más excelente y eterno peso de gloria» (2 Corintios 4:17). «Pues tengo por cierto que las aflicciones del tiempo presente no son comparables con la gloria venidera que en nosotros ha de manifestarse» (Romanos 8:18). ¿Adviertes la perspectiva del apóstol Pablo en esos pasajes? Tendemos a ver los sufrimientos presentes como grandes y la gloria futura como pequeña, ¡pero a Pablo le parece lo contrario! Aquí tenemos la bondad de Dios: sí, nos somete a dolores, pero lo lleva a cabo con el propósito de hacernos semejantes a Cristo y llevarnos finalmente a nuestro hogar. Ciertamente, es incomparable.

Comprender la bondad de Dios de esta forma es la llave que abre los grilletes del temor paralizante. El Salmo 112 declara: «Bienaventurado el hombre que teme a Jehová» (v. 1), y luego describe a ese hombre en los siguientes términos: «No tendrá temor de malas noticias; su corazón está firme, confiado en Jehová» (v. 7). ¡No tendrá temor! Un amigo de nuestra congregación compartió conmigo ese versículo de la Biblia en nuestra ordalía, y me alegro de que lo hiciera. Advirtamos que esto no significa que el hombre temeroso de Dios nunca reciba malas noticias. En lugar de eso, se trata de que confía firmemente en aquel que se encuentra detrás de todas las noticias. Por eso no vive en un temor cobarde ante lo que pueda esperarle a la vuelta de la esquina. Con independencia de lo que sea, confía en que su buen Dios lo habrá puesto allí.

Uno de los que entendieron esto —y lo predicaron— fue Robert L. Dabney, el pastor y teólogo presbiteriano del siglo XIX. En un sermón titulado «*True Courage*» (Valor verdadero), Dabney reconocía que el cristiano es tan susceptible de sufrir los peligros de la vida como cualquier otra persona, pero que es su fe en la bondad de Dios (además de la soberanía y la sabiduría de Dios, dicho sea de paso) lo que lo libera y lo hace ser verdaderamente valiente:

> Ahora bien, al hijo de Dios no se le enseña cuál es la voluntad concreta de Dios con respecto a él; carece de revelación alguna acerca de la seguridad de su persona. Tampoco presume de vaticinar cuál será la providencia concreta que Dios le dispense en la causa en la que se haya embarcado. Sin embargo, sabe que, pase lo pase, será sabio, correcto y bueno. Ya le atraviesen las flechas de la muerte o tan solo le rocen, no sabe más que un pecador incrédulo; pero sabe que no puede sucederle nada sin que el propósito y la voluntad de su Padre celestial así lo dispongan. Y esa voluntad, con independencia de cuál sea, está guiada por la sabiduría y el amor divinos. Si el acontecimiento resultara ser una revelación de la decisión de Dios, y este fuera el lugar y la hora del fin de su vida, lo aceptará con una mansa sumisión; ¿pues no han sido elegidos el tiempo y el lugar por el Omnisciente que le ama desde la eternidad? Dios ama a quien camina en el verdadero temor de él[3].

La fuente del valor verdadero reside en esa convicción. Tal como decía Dabney a renglón seguido:

> En la medida en que los hijos de Dios tengan la fe para abrazar el amor que él les da, se elevarán espiritualmente hasta su mismísimo trono, y podrán mirar desde lo alto el fragor de la batalla y el tumulto humano, con el santo desdén y la seguridad inefable que constituyen la bienaventuranza de Dios[4].

Por último, sepamos que nuestro Dios es sabio, y dejemos atrás de esa manera nuestro enojo. ¿Te ha bendecido Dios de alguna forma en el pasado? Sabía lo que estaba haciendo. ¿Te ha llevado esa misma bendición a sufrir frustraciones en el presente (como el guante de béisbol de ese niño)? Dios sigue sabiendo lo que hace. No intentes anticiparte a Dios. Llegará un día (ese día celestial) en el que verás lo sabio que fue en todo momento.

Si estás leyendo esto, puedo decirte lo siguiente: Dios se ha complacido en proteger tu vida, hayas sufrido una enfermedad grave o no. Después de todo, cada vez que respiramos es un don suyo. Si alguna vez te sientes tentado a murmurar: «¡Estúpida vida!» en un momento de decepción o frustración, recuerda esto: la vida que te sientes tentado a maldecir es la que el Omnisciente estimó oportuno concederte. «¡Oh profundidad de las riquezas de la sabiduría y de la ciencia de Dios! ¡Cuán insondables son sus juicios, e inescrutables sus caminos! Porque ¿quién entendió la mente del Señor? ¿O quién fue su consejero?» (Romanos 11:33-34). Así, pues, ¿serás el consejero de Dios o confiarás en él? Confiemos en él.

«Y, POR TANTO, LO DEJARÉ OBRAR»

Recordemos el himno con el que empezó este libro: «Lo que Dios hace bien hecho está». El primer verso termina con estas palabras: «Su voluntad es siempre justa», y los dos versos siguientes concluyen de forma similar: «Lo que él haga conmigo aceptaré tranquilo», y el último dice: «Y, por tanto, lo dejaré obrar». Este es, pues, un dicho recurrente en el himno. La pregunta es si lo hemos convertido en el dicho de nuestras vidas.

¿Qué significa dejar obrar a Dios? En primer lugar, consideremos lo que no significa. Obviamente, no significa devolverle sus pruebas para que ya no tengamos que enfrentarnos a ellas, como si pudiéramos empaquetarlas en una caja y dejarlas a nuestra puerta con una nota en la que diga «devolver al remitente». No tenemos semejantes facultades. Cierra los ojos y repite: «Y, por tanto, lo dejaré obrar»... y verás que, cuando los abras, la caja seguirá estando allí. «Pero Dios, te he dejado obrar. ¿Por qué siguen mis pruebas aquí? ¿Por qué no te llevaste el paquete?». No, este correo postal no ofrece esa opción de entrega.

Hablando más en serio, dejar obrar a Dios no significa caer en la pasividad. La vida cristiana es precisamente eso: una vida, no un sueño. Hemos recibido como un llamamiento esas pruebas que no podemos devolver a Dios en una caja. No debemos sentarnos a esperar que saque el mayor beneficio de ellas sin implicación alguna por nuestra parte. Recordemos la extraordinaria afirmación de Pablo en Filipenses 2: «Ocupaos en vuestra salvación con temor y temblor, porque Dios es el que en vosotros produce así el querer como el hacer, por su buena voluntad» (vv. 12-13). Lo que eso implica es que Dios extrae el mayor provecho de las pruebas en nuestras vidas cuando nos impulsa a hacerlo y nos trata misericordiosamente en el proceso. Y sacamos el mayor provecho de ellas cuando nos implicamos activamente: todo desde la reflexión espiritual hasta la resolución práctica de los problemas. ¿Lo ves? Aquí no hay pasividad alguna.

Planteado, pues, de forma positiva, ¿qué significa dejar a Dios obrar? Significa, en resumidas cuentas, confiar en todas las verdades que hemos considerado en este capítulo: la soberanía de Dios, la bondad de Dios y la sabiduría de Dios. Significa reconocer nuestra propia impotencia para desentrañarlo todo y arreglar todo lo que esté averiado, y luego confiar en que nuestro Dios no es tan torpe como nosotros. ¡Como ves, hay reposo para los fatigados al final de todo! No, no es el reposo de la inactividad, sino algo mucho mejor: la paz de espíritu que se deriva de saber que existe un Dios así, y que es nuestro Dios, y nosotros somos su pueblo. Pocos días después de mi diagnóstico me regalaron una lámina enmarcada con las palabras de Isaías 26:3, y sigue colgada en la pared de mi despacho: «Tú guardarás en completa paz a aquel cuyo pensamiento en ti persevera; porque en ti ha confiado». Dios es el Alfa, quien ha dispuesto nuestras circunstancias, y el Omega, quien nos guiará a su gloria. Suyos son los detalles y los resultados. ¿Perseverará tu pensamiento en él? ¿Lo dejarás obrar en todo?

PROSEGUIR

Al principio de este libro dije que mi propósito era compartir las lecciones «aprendidas» —en pasado— durante nuestra experiencia con el cáncer. Sí, Christy y yo aprendimos estas cosas todos esos años atrás pero, naturalmente, hemos vuelto a aprenderlas constantemente desde entonces, y lo seguiremos haciendo hasta el fin. La vida cristiana es así. Es una vida de recuperación constante de verdades que ya se habían aprendido y aplicado. Después de todo, los pecadores somos un hatajo de olvidadizos, que necesitamos recordatorios continuos y, además, nos enfrentamos constantemente a nuevas circunstancias en las que aplicar verdades conocidas de maneras que no son tan conocidas. Caminar en la oscuridad durante un tiempo no le eleva a uno automáticamente a un plano espiritual en el que todas las lecciones han quedado ya aprendidas. Después de todo, ser un «discípulo» es ser un estudiante en la escuela de Cristo, y seguimos siendo discípulos que caminan con su Maestro y lo escuchan mientras los guía por esa senda por la que van avanzando.

¿Cuánto de oscuro o de luminoso tiene esa senda para ti ahora mismo? Y, de manera más importante, ¿cuál es el grado de luz de tu corazón? ¿Está ensombrecido por el desánimo y la soledad, o resplandece de amor a Dios y de esperanza del Cielo? Cada cristiano conoce su propia medida de oscuridad y de luz hasta alcanzar ese país donde «no habrá allí más noche» (Apocalipsis 22:5).

¿Hay alguna oscuridad en ti? Entonces, antes de cerrar este libro y guardarlo, vuelve al prefacio y lee un vez más las palabras del poema de Samuel Rodigast: «Lo que Dios hace bien hecho está». Esas palabras son verdaderas. Mi Dios es fiel. Que también tú camines con él como Dios tuyo.

[1] Lutero, Martín: *The Bondage of the Will*, tr. Philip S. Watson y Benjamin Drewery, en *Luther's Works*, vol. 33, *Career of the Reformer III*, p. 47 (Fortress Press, Filadelfia, 1972).

[2] Packer, J.I.: *Knowing God*, pp. 78-79 (InterVarsity, Downers Grove, Illinois, 1973).

[3] Robert L. Dabney, «True Courage», en *Discussions,* ed. C.R. Vaughan, vol. 4, (Harrisonburg, Virginia: Sprinkle Publications, 1994), p. 441.

[4] Dabney, *Discussions* vol. 4, p. 442.